Die Bestimmung der Eisscholle

Astrid Ruppert

Astrid Ruppert

DIE BESTIMMUNG DER EISSCHOLLE

Erzählungen

axel dielmann – verlag

Kommanditgesellschaft in Frankfurt am Main

Gestaltung: Urs van der Leyn, Basel
Satz: Dagmar Mangold, Frankfurt am Main
Korrektur: Hanne Apelt-Celebi, Seligenstadt
© Abbildung Titel: Christian Eckler, München
Aquarell, www.ch-eckler.de
Gesamtherstellung: OOK-Press, Veszprém

ISBN 978 3 86638 249 7
eBook 978 3 86638 250 3

Für B., meinen Norden, meinen Süden.

INHALT

GLETSCHER-EIS

Er war ein vorsichtiger Mensch. Bevor er bereit war, sich in ein Schlauchboot zu setzen, um vom Schiff zum Landausflug gefahren zu werden, erkundigte er sich, ob schon einmal etwas passiert sei mit einem dieser kleinen Schlauchboote, die auf dem tiefen, dunklen Polarmeer auf- und abtanzten wie Nussschalen. Er hatte sich vor Reiseantritt schlau gemacht, und wusste genau, wie lange man in arktischen Gewässern überleben würde, falls man hineinfiele. Keine zwei Minuten. Er wusste, dass man sich nicht bewegen durfte, um das kalte Blut aus den Extremitäten nicht zum Herzen zu pumpen, das sonst vor Schreck stehenbleiben würde, und dass man bei der Rettung eines Kälteopfers aus Wasser oder

Schnee Bewegung unbedingt vermeiden musste, weil es sonst zum sogenannten Bergungstod kam. Erst Kammerflimmern. Dann Herzstillstand. Er hatte sich informiert. Man konnte ja nie wissen. Er fragte sich, ob die anderen im Boot das auch wussten, und im Notfall richtig reagieren würden. Vorsichtshalber saß er lieber stets sehr still und hielt sich mit einer Hand am Seil fest. Nicht wie die anderen, die mit ihren Kameras herumhantieren und sich weit aus dem Boot heraus beugten für ein gutes Bild. Wenn jemand während der Fahrt aufstand, schaute er nervös zum Steuermann, ob das denn erlaubt wäre, und war erleichtert, wenn dieser das Zeichen gab, man müsse sitzen bleiben. Er fragte sich, wie Menschen darauf kamen, so unvorsichtig zu sein, in dieser unwirtlichen Welt, in der so viele Gefahren lauerten. Als Elena neben ihm einmal unvermittelt aufgestanden war, hatte er sie in einem erschrockenen Impuls festgehalten. Sie hatte ausgelassen gelacht, der Wind hatte in ihren dunklen Locken gespielt und ihre Zähne hatten ihn fröhlich angeblitzt. Es war ihm peinlich gewesen, dass er sie so spontan umfasst hatte, und er erinnerte sich genau, wie ihr Körper sich angefühlt hatte, fest und weich zugleich unter all den Schichten von Pullovern und Jacken, unvorstellbar, wenn sie ins Wasser gestürzt wäre. Seitdem versuchte er, so oft es ging mit ihr zusammen in einem Boot zu fahren. Er sagte sich, dass er so besser auf sie aufpassen könne. Sie war so ungestüm.

Vor ihrem ersten Landgang auf Spitzbergen hatte er sich erkundigt, ob die Guides, die die Ausflüge der Passagiere der Arctic Dream mit geladenen Gewehren begleiten würden, um sie vor Eisbären zu beschützen, regelmäßig Schießübungen machten. Er hatte sich ihre Trefferquote sagen lassen. Deshalb blieb er stets hinter John, der von sich behauptete, noch nie danebengeschossen zu haben, und versuchte, Elena in lange Gespräche zu verwickeln, damit sie mit ihm in Johns Nähe blieb. Aber Elena sprang einfach überall hin, weil sie sich überall sicher fühlte. Während ihrer Landgänge schaute er sich sehr oft um und suchte die kahlen Hänge nach sich bewegenden gelblich weißen Flecken ab. Schließlich waren sie tatsächlich schon zweimal auf Eisbären gestoßen, und beide Male war er es gewesen, der die weißen Flecken in der Ferne als Erster erkannt hatte. Sie hatten immer rechtzeitig umkehren können, aber man musste es ja nicht gerade auf ein Abenteuer anlegen. Er blieb auf der Hut.

Dabei war er nicht immer so vorsichtig gewesen. Er konnte sich nicht genau daran erinnern, wann sich das eigentlich geändert hatte. Aber er konnte sich noch ganz genau daran erinnern, wie es sich angefühlt hatte, zu glauben, man sei unverletzlich, man lebe ewig. Wie es gewesen war, auf dem Fahrrad steile Hänge hinabzufliegen, mit Schlittschuhen übers Eis zu jagen und ans Hinfallen nicht einmal zu denken.

Er hatte davon geträumt, mit einem Moped durch Amerika zu fahren, mit einem Jeep die Wüste Gobi zu durchqueren. Er hatte die Bücher verschlungen, die von Abenteurern geschrieben waren, hatte gelesen, wie man Kannibalen entkäme und sich im Dschungel nicht verlief. Er kannte die Gefahren für Tiefseetaucher und hatte so gut wie alle Polarexpeditionen miterlebt. Er war mit Franklin im Eis steckengeblieben, hatte sich mit Payer und Weyprecht verzweifelt mit dem schweren Schlitten durch meterhoch sich auftürmende Eisschollen gekämpft, hatte mit Perry als erster Mensch den Pol erreicht, obwohl er ja durchaus zu denen gehörte, die heftig zweifelten an dieser Geschichtsschreibung und irgendwie enttäuscht war darüber, dass der lange, dramatische Wettlauf zum Nordpol so uneindeutig ausgegangen war. Lieber hatte er mit Amundsen im Luftschiff gesessen bei dessen erster Überfliegung des Nordpols. Amundsen war ein richtiger Held. Als sie gleich am zweiten Tag ihrer Reise in Ny Alesund vor dem Mast standen, an dem sein Luftschiff befestigt gewesen war, bevor es aufbrach zu dem Unglücksflug, von dem es nicht mehr wiederkommen sollte, war ihm sehr feierlich ums Herz gewesen, und er hatte sich gewünscht, er wäre damals dabei gewesen, und ausgebildet und tapfer genug, seinen Helden retten zu können.

Als er nach diesem Ausflug beim Abendessen neben Elena Platz genommen hatte, hatte sie ihn gefragt, warum er diese Reise mache. Er hatte ihr geantwortet, es sei ein Jungstraum von ihm gewesen, in die Arktis zu fahren, am liebsten wäre er Abenteurer geworden und hätte den Nordpol entdeckt, aber dazu sei es ja leider zu spät gewesen. Das ältere deutsche Ehepaar, das mit ihnen am Tisch saß, hatte gelacht. Gerade noch rechtzeitig, hatten sie gesagt, bevor nun die Polkappen schmelzen. Sie hatten nicht gesagt, gerade noch rechtzeitig, bevor er zu alt war und jeder Jungstraum dem totalen Vergessen anheim fiel. Und er hatte nicht gesagt, gerade noch rechtzeitig, bevor er so vorsichtig und ängstlich wurde, dass er sich überhaupt nicht mehr auf Reisen begeben konnte. Er war stolz, es bis hierher geschafft zu haben. Elena würde nie erfahren dürfen, welche Anstrengung es ihn gekostet hatte. Wie viele Tode er schon gestorben war, bevor er die Arctic Dream überhaupt erreichte: Er war auf dem Weg zum Flughafen überfahren worden, das Flugzeug war unmittelbar nach dem Start abgestürzt und in Flammen aufgegangen, ein Terrorist hatte an Bord einen Sprengsatz gezündet, in 10000 Metern Höhe war eine Tragfläche abgebrochen, und bei dem Absturz ins Meer waren schließlich alle ertrunken, die den Aufprall überlebt hatten. Nach der Landung auf Spitzbergen hatte ein Amokläufer am Gate gewartet, der explodierende Koffer auf dem Gepäckband hatte die Umstehenden in den Tod gerissen, auf dem Weg zum Schiff hatten wütende Schlittenhunde alle

Reisenden zerfleischt. Beim Einschiffen war er dann von dem wackeligen Brett gefallen, das als Einstiegshilfe zwischen Kaimauer und Schiff zurechtgelegt worden war und dann vom Schiffsrumpf an der Kaimauer erdrückt worden. Es war das reinste Wunder, dass er hier heile beim Abendessen saß. Keiner, der hier saß, konnte ermessen, wie groß dieses Wunder war. Und dass die dunkelgelockte Elena neben ihm saß und ihn anlächelte mit ihren wunderschönen, weißen Zähnen, hinter denen manchmal eine rosa Zungenspitze hervorblitzte, das war das grösste Wunder von allen. Gerade sie dürfte nie erfahren, wie sehr er sich in Wahrheit dafür schämte, dass er die Arktis in einer zwar einfachen und engen, aber immerhin beheizten Kabine mit abendlichem Drei-Gänge-Menü und Bar-Service bis Mitternacht bereiste.

Ein paar Tage später gelang es ihm wieder, es so anzustellen, dass er im Schlauchboot neben Elena zu sitzen kam. Die Boote drifteten langsam vor einem milchigblauen Gletscher im Sonnenschein umher. Um sie herum schwammen unzählige Splitter und Eisbrocken, die sich bereits gelöst hatten. Die aufstrebenden Linien im Eis des Gletschers erinnerten ihn an gotische Kathedralen, und er hätte gerne länger darüber nachgedacht. Doch in der großen, kalten Weite des Polarmeeres fühlte er sich trotz seiner Rettungsweste viel zu verletzlich, um an etwas anderes zu denken als die Tatsache, dass sie für seinen Geschmack viel zu nah an den Gletscher heranfuhren, wo doch inzwischen jeder wusste, dass man das nicht durfte. Der Gletscher könnte kalben und sie von einem Stück Eis erschlagen werden. Oder die Welle könnte so hoch schlagen, dass sie in dem winzigen Schlauchboot kenterten und im Eiswasser erfroren, bevor Hilfe kam, oder sie wurden gerade noch rechtzeitig gerettet, um dann doch durch ungeschickte Bewegungen den plötzlichen Bergungstod zu sterben. Viel lieber wäre es ihm, sie würden nicht ganz so nahe an den Gletscher heranfahren, denn dann müsste er sich über derlei Gefahren überhaupt keine Gedanken machen. Er wünschte, sie wären schon wieder auf dem großen Schiff. Elena zappelte neben ihm erst mit ihrem Fernglas, dann mit ihrer Kamera herum, und er spürte, wie ihm der Angstschweiß unter der Thermowäsche ausbrach. Wenn sie doch nur still sitzen könnte. Und was machte sie denn jetzt? Sie beugte sich aus dem Boot heraus und fischte mit der bloßen Hand im dunklen Wasser herum, um ein Stückchen Gletschereis zu erwischen.

„Schau mal, Abenteurer!", rief sie und hielt das Stück Eis ins Licht. Das Wasser tropfte von ihrer Hand auf sein Bein, als sie das Eis direkt vor sein Gesicht hielt, damit er die tausend kleinen Luftbläschen sehen konnte, die darin eingeschlossen waren. In jedem einzelnen glitzerte das Sonnenlicht. Er roch das kalte Eis und einen Hauch von dem Duft ihrer

Haut, und ihm wurde so schwindelig, dass er sich festhalten musste, obwohl das Boot gar nicht fuhr, sondern nur sanft im stillen Wasser des Fjords gegenüber dem großen Gletscher vor sich hin trieb. Am liebsten hätte er ihre Hand genommen, um sich daran festzuhalten, aber darin hielt sie ja das Eis. Wenn er ehrlich war, hätte er sich das sowieso nicht getraut. Die schöne Elena. Die schöne, wilde, mutige Elena. Wie mutig sie wirklich war, hatte er bei einem der letzten Landgänge erfahren, die er wie immer an ihrer Seite verbracht hatte. Als sie mit dem Mitternachtsflug in Longyearbyen gelandet war, in der Nacht bevor das Schiff losfuhr – sie hatte sich so kurzfristig zu dieser Reise entschlossen, dass es keinen passenderen Flug mehr gegeben hatte und auch das einzige Hotel in Longyearbyen war schon komplett ausgebucht gewesen – hatte sie sich auf eine unbequeme Nacht in den Wartestühlen am Flughafen eingestellt, nur um festzustellen, dass der Flughafen nach Abfertigung des letzten Fluges schloss. Da hatte sie dann im Freien gestanden, in der arktischen Nacht, die immerhin hell war, und bei einem Grad Celsius überlegt, was sie nun bis zum nächsten Morgen machen könnte. Seine eigene Reise auf den Spuren seiner jugendlichen Abenteurerträume war zwar von aufregenden Todesphantasien begleitet, aber in komplett vorgeplanten, ungestörten Bahnen verlaufen. Elena war dagegen mitten im Abenteuer gelandet. Mittendrin. Sie war die leere Straße ganz allein vom Flughafen mit ihrem Gepäck Richtung Hafen gelaufen, denn eine andere Richtung gab es ja gar nicht, und war nach wenigen hundert Metern am Campingplatz von Longyearbyen vorbeigekommen, dessen Waschhäuschen die ganze Nacht geöffnet war. Und so hatte sie ihre erste Nacht in der Arktis auf einer schmalen hölzernen Abstellbank im Waschraum für Frauen zugebracht.

„Immerhin war es hell. Und besonders kalt war es auch nicht. Und das Beste daran war: Als ich aufs Schiff kam und die kleine spartanische Kabine gesehen habe, dachte ich, das ist der pure Luxus!"

Als sie lachte, flogen die dunklen Locken um ihren Kopf, ihre Zähne blitzten und er hatte sich sofort und rettungslos in sie verliebt.

Nach der Gletscherbootfahrt aßen sie wieder zusammen zu Abend. Auch nachdem das deutsche Ehepaar bereits zu Bett gegangen war, blieben sie noch am Tisch sitzen und unterhielten sich.

Als er zur Bar ging, um ihnen zwei Whiskys zu holen, weil er fand, dass man im nördlichen Polarkreis Whisky trinken sollte, schaute sie ihn verschwörerisch an, als er mit den Gläsern in der Hand an ihren Tisch zurückkam.

„Ich bin gleich wieder da, Abenteurer." Sie wechselte einige Worte mit dem Barmädchen und verschwand hinter der Theke. Als ihr Lockenkopf wieder auftauchte, hielt sie etwas Helles in der Hand.

„Hast du schon mal Whisky mit Gletschereis getrunken?“, fragte sie ihn lächelnd, als sie zum Tisch trat, und als er den Kopf schüttelte, ließ sie ein Stück Eis in sein Glas fallen, und ein Stück Eis in ihres. Sie leckte sich die nassen Fingerspitzen ab und stieß mit ihm an. Das Eis klirrte in den Gläsern und es funkelte hell und er roch ihre Haut und alles war wunderbar. Es war das köstlichste Getränk seines Lebens, und als sie ausgetrunken hatten, holte er noch einen Whisky und noch einen, und noch einen und beschloss die wissenden Blicke des Mädchens hinter der Bar einfach zu ignorieren. Als sie gegen Mitternacht aufstanden, um den sich andeutenden goldenen Sonnenuntergang, der zu dieser Jahreszeit sofort darauf in einen strahlenden Sonnenaufgang übergehen würde, auf Deck zu betrachten, wusste er nicht, ob es das Schiff war, das so schwankte, oder ob er das war. Aber es war egal. Sie gingen untergehakt nach draußen, ihre Gläser in der Hand, und in der untergehenden Sonne schien das Eis von innen heraus zu leuchten. Und als Elena den Mund öffnete, um ihm das Stück Eis auf ihrer Zunge zu zeigen, und von ihm wissen wollte, ob es auch in ihrem Mund weiter leuchtete, küsste er sie einfach, und sie schob das Stück Eis mit ihrer kühlen Zunge in seinen Mund. Ihm war glühend heiß und eiskalt zugleich, er spürte, wie die Erde sich drehte, sah die Sonne den Horizont berühren und sofort wieder aufsteigen, um ihren neuen Tageslauf zu beginnen, und er fühlte sich großartig.

Später, sie lagen auf dem schmalen Bett in ihrer Kajüte, die sie alleine belegte, weil es eine ungerade Zahl alleinreisender Frauen an Bord gab, wogegen er seine Kabine mit einem südafrikanischen Vogelforscher teilen musste, fuhr er mit seiner Fingerspitze die Wasserspuren entlang, die er mit einem Eisstück auf ihren Rücken gemalt hatte, bis in die kleine Senke, die ihre Wirbelsäule im unteren Rücken bildete. Dort hatten sich einige Tropfen gesammelt, und er küsste sie behutsam trocken. Sie strich ihm sanft mit dem Finger über die Lippen.

„Was meinst du, Abenteurer", fragte sie versonnen lächelnd, „ob wir jetzt ganz allmählich sterben, vielleicht an der Krankheit, die schon die Dinosaurier ausgerottet hat? Oder ob es ganz schnell geht? Ob unser Gehirn sich langsam zersetzt, wenn die unbekannten, Jahrtausende alten Bakterien nun in uns zu arbeiten beginnen? Jetzt sind sie doch schön auf Körpertemperatur erwärmt? Ob wir sie noch ein bisschen anheizen sollten? Damit sie schneller arbeiten?"

Sie lachte und küsste ihn, und ihre dunklen Locken streiften seine Haut, die plötzlich dem Tode schon geweiht war, sie sahen beide blasser aus als sonst, fahl, fast grau, wenn er es genau betrachtete, und waren da nicht Rötungen auf ihrer Haut zu sehen, oh, es tat sogar schon weh, ein ziehender Schmerz in seinem Inneren nahm ihm den Atem, Panik ergriff ihn, er ließ sich schwer atmend auf den Rücken fallen und schaute an die Kabinendecke. Er rang nach Luft und sein Herz pochte laut. Sollte die hellgraue Plastikverschalung der Kabine nun das Letzte sein, das er in diesem Leben sah, oder würde es noch ein wenig dauern? Schade, dachte er, schade, dass alles schon vorbei sein sollte. Es hatte doch gerade erst begonnen, gerade hatte er sich gerettet gefühlt. Das war der Bergungstod. Trügerisch hatte er sich angeschlichen, während er sich zum ersten Mal in Sicherheit gefühlt hatte. Abenteuerlich und sicher zugleich. Für Abenteurer war das Leben gefährlich. Lebensgefährlich.

Als er irgendwann aufwachte, konnte er sich nicht bewegen, das Atmen fiel ihm schwer, etwas lastete auf ihm, und als er die Augen öffnete, war es dunkel. Er versuchte, ruhig zu bleiben und bewegte zuerst die Zehen, dann die Finger. Sie bewegten sich noch. Das gab ihm Zuversicht. Es gelang ihm sogar, den Arm zu heben, und als er vorsichtig zu seinem Kopf griff, um sein Gesicht zu betasten, grunzte die schwere Last, die auf ihm lag, bewegte sich und Elenas Haare kitzelten seinen Hals. Sofort fiel ihm alles wieder ein.

Er lebte. Er konnte atmen, er konnte seine Extremitäten bewegen, er war geborgen und sein Herz stand nicht still. Ganz und gar nicht still. Er spürte Elenas

Haare auf seiner Haut. Er spürte eine Menge auf seiner Haut, wenn er ehrlich war, sogar mehr als je zuvor. Und Hunger hatte er auch. Es war doch ganz gut, ein Abenteurer zu sein und eigentlich völlig egal, an was er sterben würde und wann. Wenn nur Elena bei ihm war und lachte, während ihre Locken seine Haut streiften. Wenn sie nur da war.

WALE

Seit dem Nachmittag schon fuhren sie an einer eisbedeckten Insel entlang. Die helle hohe Kante leuchtete blendend weiß durch den leichten Dunst, der sich hier oft über dem Wasser sammelte. Sie mochte die weiße Linie. Sie mochte es, wenn man etwas sehen konnte am Horizont. Als sie an ihrem Tisch zum Abendessen Platz nahmen, setzte sie sich so, dass sie auf die helle Eiskante blicken konnte, in der Hoffnung, dass ihr diese Linie eine Richtung geben könnte. Sie fand die gemeinsamen Abendessen an den Achtertischen anstrengend. Seit einer Weile, um ehrlich zu sein, seit diesem Zwischenfall, an den sie sich nicht richtig erinnern konnte, und den alle mit gesenkter Stimme *seit Du krank warst* nannten, waren Unterhaltungen schwierig geworden. Sie hatte eigentlich Spaß an Gesprächen, doch die Menschen, mit denen sie sprach, reagierten oft so seltsam. Manchmal ging es eine ganze Weile gut, man plauderte, man lachte, und dann plötzlich sagte sie etwas und alle schwiegen, oder jemand fragte, wie bitte? Dann wiederholte sie, was sie gesagt hatte. Und obwohl sie ganz deutlich sprach, wiederholte Martin noch einmal, was sie gesagt hatte, mit zusätzlichen ausschmückenden Worten drum herum, die sie albern fand. Er sprach dann mit dieser seltsamen väterlichen Art, die sie an ihm nicht kannte, und auch nicht mochte, und dann schauten alle nur noch ihn an, und das Gespräch, in dessen Mittelpunkt sie sich gerade noch befunden hatte, erstarb. Es war so, als wäre sie gar nicht mehr da. Manchmal kniff sie sich dann unter dem Tisch in den Arm. Das war etwas, was sie früher gemacht hatte, vor langer, langer Zeit. Daran konnte sie sich gut erinnern. Sie hatte sich in den Arm gekniffen, als Martin sie zum ersten Mal geküsst hatte, weil sie wissen wollte, ob sie träumte, oder ob es wirklich passierte. Oder als ihr das beste Jahrgangszeugnis vom Direktor ihrer Schule überreicht worden war. Wenn das Leben zu schön wurde, hatte sie ihm nie wirklich trauen können. Letztlich hatte sie damit Recht behalten.

Als die Teller gebracht wurden, wusste sie nicht, was dieses Knäuel war, das sich in der Tellermitte auftürmte. Sie konnte noch nicht einmal sagen, an was sie der Geruch erinnerte, oder ob er sie überhaupt an etwas erinnerte.

„Was ist das?", fragte sie Martin, und Martin antwortete, halb zum Tisch gewandt: „Wenn ich mich nicht täusche, sind das Spaghetti Bolognese, oder? Weißt Du noch, als wir in Italien waren, hatten wir einmal diesen Teller mit den endlos langen Nudeln, und wenn wir anfingen, sie mit der Gabel aufzudrehen, hatten wir diese riesigen Knäuel auf der Gabel, die man gar nicht essen konnte. Was haben wir gekämpft!"

Sie legte schnell das Messer wieder hin, mit dem sie dem Gewirr auf ihrem Teller hatte zu Leibe rücken wollen und wartete einen Moment ab, wie die anderen wohl vorgehen würden. Ihre Nachbarin, Elena, eine dunkelhaarige Schönheit aus Uruguay, die alleine reiste, lachte und sagte „Oh, wenn Sie erlauben, ich esse das mal ganz unitalienisch!", nahm Messer und Gabel und fing an, alles klein zu schneiden. Da der ganze Tisch Elenas Beispiel folgte, und auch die dicke Französin, die nie viel sagte, ihr freundlich zuzwinkerte, machte sie ebenfalls mit.

Seit sie krank gewesen war, konnte sie sich selbst nicht mehr richtig vertrauen. Es war anders gewesen, als das Kranksein, wie sie es bisher gekannt hatte. Kranksein, das war doch, wenn einem alles weh tat, wenn man Fieber hatte und das Bett hüten musste, das war Husten, oder Schnupfen, es war auch, ins

Krankenhaus zu müssen, vielleicht, wegen eines kleinen Eingriffs, über den man besser nicht sprach. Doch dieses Kranksein hatte mit dem bekannten Kranksein nichts zu tun. Sie hatte sich an nichts mehr erinnert, nicht daran, wie sie ins Krankenhaus gekommen, nicht warum, und auch nicht, was vorher gewesen war. Das Gefühl, nicht mehr da gewesen zu sein, beunruhigte sie. Sie hatte so viel vergessen. Sie hatte sogar vergessen, was vergessen ist, doch das hatte sie schnell wieder gelernt. Die Mienen der Menschen, die ihr gegenüber saßen, ihre weit aufgerissenen Augen, das ungläubige Lächeln, das betretene Schweigen hatten ihr das rasch wieder beigebracht. Seitdem hatte sie stets ein Büchlein bei sich, in das sie Dinge eintrug, die sie nicht mehr vergessen wollte. Ein kleines rotes Notizbuch mit karierten Blättern. Wenn sie das Büchlein in der Hand hatte, war sie zuversichtlich. Sie schrieb etwas hinein, und da die Worte am nächsten Tag noch da waren und am übernächsten auch, hatte sie das Gefühl, selbst da zu sein, und der Ungewissheit etwas entgegensetzen zu können.

Jetzt war ihr Arm rot und tat weh, sie wusste deshalb, dass sie da war, aber es half irgendwie nicht. Weil es sich nicht so anfühlte. Nur die weiße Linie, an der sie entlangfuhren, schien ihr etwas Sicherheit zu geben.

Nach dem Abendessen, hatte Jack, oder John, oder wie auch immer ihr viel zu junger und viel zu dynamischer Reiseleiter hieß, verkündet, sie würden nun in Gewässer kommen, in denen man oft Wale antraf. Martin hatte sich darauf besonders gefreut und den ganzen Abend über in seiner eigens für diese Reise angeschafften Jacke, die laut Hersteller noch bei -40 Grad warm hielt, auf Deck gestanden und mit dem Fernglas das Wasser abgesucht. Wale faszinierten ihn. Er schaute sich jede Sendung über sie an, die im Fernsehen kam und er hatte Bücher über alle möglichen Arten von Walen. Er hatte gehofft, auf dieser Reise Wale zu sehen. Wale in der Arkits. Deshalb waren sie hier auf dem Schiff. Wale hatten sie nie sonderlich interessiert. Sie fand es unglaublich, dass auf deren Haut halbe Muschelbänke wuchsen, und es die Wale nicht störte. Sie verstand nicht, dass die Tiere immer noch dorthin schwammen, wo sie vor zweihundert Jahren beinahe ausgerottet worden waren. Und sie fand die Tiere beängstigend in ihrer Größe. Ansonsten waren Wale das, was Martin wollte. Das wusste sie. Als es ihr zu kalt wurde, war sie zu Bett gegangen. Sie hatte sich in ihrer kleinen Kabine auf ihr schmales Bett gelegt und in ihr Büchlein eingetragen, dass Martin auf Wale wartete. Und dass man Spaghetti nicht mit Messer und Gabel isst, sondern zu Knäueln aufrollt, alle Leute am Tisch aber trotzdem mit Messer und Gabel gegessen hatten. Mit dem Schaukeln des Schiffes musste sie eingeschlafen sein, denn sie wachte nur kurz auf, als sie hörte, wie Martin in die Kabine kam.

„Hast Du sie gesehen?“, murmelte sie im Halbschlaf, doch er verneinte nur knapp, sie konnte die Enttäuschung in seiner Stimme hören und schlief wieder ein.

Später erwachte sie von seltsamen Geräuschen. Töne, wie nicht von dieser Welt, klangen an ihr Ohr. Alte, vergessene Töne, die sie anfüllten und etwas tief in ihr bewegten. Im ersten Moment dachte sie, sie hätte geträumt. Doch die seltsamen Traumtöne setzten sich fort, obwohl sie hellwach war. Wurden lauter, wurden leiser, entfernten sich, waren dann ganz nah. Ihr Herz schlug schnell, und ihr war unwohl.

Was könnten das für Töne sein, was könnten sie bedeuten? Kündigten sie vielleicht eine Gefahr an? Sie überlegte fieberhaft, ob sie solche Laute schon einmal gehört und wieder vergessen hatte, aber ihr fiel nichts ein. Und dann, plötzlich wusste sie es. Es waren die Wale. Sie setzte sich auf und rüttelte Martin an der Schulter.

„Die Wale, hörst du, da sind die Wale, wach auf!“ Doch er brummte nur unwillig und drehte sich auf die andere Seite. Sie sah, dass es erst drei Uhr morgens war, doch sie war jetzt hellwach und stand auf. Sie zog sich ihren Anorak über den Schlafanzug und schlüpfte leise aus der Kabine.

Sie war ganz allein auf Deck. Die Luft war schneidend kalt und klar. Sie hielt sich an der Reling fest und ließ den Blick über das Wasser schweifen, durch das sich das Schiff ruhig und beständig voranschob. Das Meer war glatt und ruhig wie ein Spiegel, der in der hellen Morgensonne in rosavioletten Tönen schimmerte, die sie noch nie zuvor hier gesehen hatte. Es herrschte absolute Windstille. Außer dem steten Rauschen des Schiffsmotors gab es kein Geräusch. Sie lauschte, ob sie die seltsamen Töne wieder hören würde und spürte, wie die eisige Luft ihre Lungen füllte.

Und dann sah sie ihn. Erst war es nur ein riesiger Rücken, der gemächlich aus dem Pastell des Wassers auftauchte wie eine längliche Insel und ebenso langsam wieder versank. Kurze Zeit darauf waren es zwei. Zwei Wale schwammen nebeneinander her, im gleichen sanften Takt tauchten sie auf, und tauchten sie ab. Manchmal kamen sie genau gleichzeitig nach oben, manchmal wie um Bruchteile von Sekunden versetzt, manchmal stieg der eine empor, während der andere gerade wieder versank. Sanft und ruhig schwammen die Wale vor ihr her, hoben ihre riesigen Leiber mit ungeahnter Anmut aus dem Wasser und versanken wieder in ihm, als wäre das Leben ein Tanz, als wäre es leicht und wunderbar zu atmen und zu tauchen und zu atmen und zu tauchen. Sie erahnte sie, auch wenn sie nicht zu sehen waren. Spürte ihre Anwesenheit unter der glatten, schimmernden Oberfläche des Wassers, und wusste, dass sie wieder auftauchen würden. Sie war bereit, mit ihnen zu atmen und zu tauchen und zu atmen und zu tauchen. Sie waren da. Auch wenn sie nicht da waren. Groß und voller Anmut schwammen die Wale und nahmen sie mit in die Tiefe des dunklen Meeres und in die Helligkeit des Tages.

Sie wusste nicht wie lange sie dort gestanden hatte und mit den Walen geschwommen war. Erst als die Wale sich schon lange verabschiedet hatten, merkte sie, dass sie durch und durch kalt war, und ihr Gesicht feucht und salzig.

Als sie zurück in ihre Kabine ging, wusste sie wieder, dass sie da war. Dass sie immer da war. Auch wenn sie manchmal tauchen ging. Es beruhigte sie ungemein, das zu wissen. Sie war da. Sie nahm das kleine rote Notizbuch und schrieb hinein: Ich bin ein Wal. Ich tauche und ich bin da. Dann stellte sie sich lange, lange unter die heiße Dusche, um wieder warm zu werden und als sie Martin später zum Frühstück weckte, wunderte er sich über ihr morgendliches Lächeln.

TISCH-GESPRÄCH

Und woher kommst du?“

Sie war klein, zierlich, dunkelhaarig, und irgendwie elegant, obwohl er nicht hätte sagen können, warum er sie elegant fand. Sie trug Outdoorkleidung wie alle anderen auch, aber sie trug sie wie ein teures Kostüm. Er hatte sich schon ein paar Mal gefragt, was eine Frau um die Mitte vierzig, denn so alt schätzte er sie, hier alleine auf dem Schiff machte. Warum sie wohl hier war? Die Alleinreisenden waren alle eher jünger. Unter oder um die dreißig und ungebunden. So wie er. So wie dieser traurige Italiener, oder die unscheinbare Holländerin. Die, die über vierzig waren, reisten eher als Paare.

Er war ganz überrascht gewesen, als sie sich beim Abendessen plötzlich auf den freien Platz neben ihn gesetzt hatte und ihn ansprach. Er hatte noch nie zu den Interessanten gehört, neben die man sich freiwillig setzte, solange man noch die Wahl hatte, woanders zu sitzen.

„England. Devon. Und du?“

„Australien.“

„Das ist aber eine lange Anreise, oder?“

Was für ein intelligenter Beitrag, bestimmt bereute sie es schon, sich neben ihn gesetzt zu haben.

„Länger als deine, das ist eindeutig euer Vorteil als Europäer.“

Sie lächelte ihn freundlich an und er sah ihre perfekten Zähne. „Und, wo warst du schon überall?“

Jetzt schaute er sie fragend an.

„Meinst du, äh, hier, also, auf dem Schiff?“

„Oh, nein! Nein, ich meine, welche Länder hast du schon bereist?“

„Ach so, klar.“

Der intelligente Beitrag Nummer zwei. Bestimmt hielt sie schon nach einem neuen Gesprächspartner am Tisch Ausschau. Er musste jetzt sofort etwas Interessantes sagen, und natürlich fielen ihm genau jetzt die Länder nicht ein, in denen er schon gewesen war.

„Also, hmm, ich war in Italien, Spanien, lass mich nachdenken, in Frankreich natürlich, das ist ja nur über den Kanal.“

Sie lächelte ihn sehr freundlich an, während er versuchte, die Länder aufzuzählen, die er bereist hatte. In Österreich war er auch gewesen, und in Griechenland, auch wenn das lange her war. Er hatte das Gefühl, dass sie sich wirklich für ihn interessierte. So etwas nannte man wohl ‚verbindlich', glaubte er. Sie lächelte ihn verbindlich an, und er fühlte sich immer besser. Gerade als er die beiden Länder – Österreich und Griechenland – noch nachschieben wollte, stellte sie die nächste Frage: „Und außerhalb von Europa?"

„In den USA war ich, stimmt ja, da habe ich in Chicago Freunde besucht, also, nicht direkt in Chicago, aber ganz in der Nähe." Warum war ihm das nicht gleich als erstes eingefallen?

Sie schaute ihn überrascht an. „In der Nähe von Chicago? Nicht an der Westküste? Oder in den Rockys? Yosemite?"

Er schüttelte den Kopf. „Ich habe nur meine Freunde besucht. Es ging eher um das Wiedersehen als um …"

„Ach! Und andere Kontinente?", unterbrach sie ihn. „Afrika? Asien? Australien?"

Er schüttelte wieder den Kopf. Bis zu diesem Augenblick hatte er es großartig gefunden, hier an Bord zu sein, und die Arktis zu bereisen. Absolut großartig. Niemand, den er kannte, war in der Arktis gewesen. In seinem Freundeskreis, in der Familie, im gesamten Kollegenkreis galt er jetzt als der absolute Exot.

Aus ihm, dem Langeweiler, war ein abenteuerlicher, ungewöhnlicher Typ geworden. Sogar Linda hatte sich in der Kantine ein paar Mal neben ihn gesetzt, seit er ihr von der Arktisreise erzählt hatte. Er hatte sich ziemlich einzigartig gefühlt. Bis eben.

„Ich wandere sonst sehr gerne", fügte er erklärend hinzu. „Das ist sehr entspannend. Es gibt wirklich großartige Wandergebiete in England, der Lake District ist zum Beispiel sehr schön …"

„Wie interessant! Ich war letzten Monat in Neuseeland, faszinierendes Land. Wenn du das nächste Mal verreisen willst, denk mal über Neuseeland nach, es wird dir bestimmt sehr, sehr gut gefallen. Man kann da hervorragend wandern."

Er lächelte verlegen. „Bestimmt."

Wandern in Neuseeland. Klar. Seine Reisekasse war jetzt erst einmal erschöpft. Bis er wieder eine größere Reise planen konnte, würden ein paar Jahre vergehen. Und warum überhaupt sollte er in Neuseeland wandern gehen, wenn er noch nicht mal den Lake District komplett kannte?

Sie wandte sich einem der anderen Tischnachbarn zu. Der Mann, der ihnen gegenübersaß, war Amerikaner, so viel er wusste. Der hatte, seit sie am Tisch saßen, schon das zweite Glas Wein geleert. Der Wein zum Essen war inklusive, und er selbst hatte jetzt auch nicht vor, bescheiden damit umzugehen. Die ganze Sache hier war schließlich teuer genug. Aber bei dem

Tempo, das der Amerikaner hier vorlegte, konnte er nicht mithalten.

„Und du?“, fragte sie den Amerikaner: „Bist du viel gereist? Wo warst du schon überall?“

Der Amerikaner nickte, kaute in Ruhe fertig, und spülte alles mit einem weiteren halben Glas Wein hinunter.

„Überall“, sagte er schließlich und stellte das Glas wieder ab.

„Oh, wirklich?“

Sie sah den Amerikaner interessiert an.

„Neuseeland hat mir auch gut gefallen. Besser als Australien, wenn ich ehrlich bin.“ Der Amerikaner nahm die Karaffe, um sein Glas wieder zu füllen, und bemerkte dann, dass er die Karaffe für ihren Tisch dadurch geleert hatte. Er sah sich nach einem Kellner um und signalisierte einem der vorbei eilenden jungen Männer, dass sie neuen Wein brauchten und nickte in die Tischrunde.

„Das war nicht sehr höflich, sorry. Nachschub kommt“

„Mein Glas ist noch fast voll. Kein Problem.“ Sie lächelte mild. „Übreinges geht es mir selbst als Australierin so, dass ich Neuseeland sehr mag! Welches asiatische Land ist denn dein absoluter Favourite?“

„Hm, lass mich nachdenken. Myanmar fand ich beeindruckend, aber vielleicht auch Vietnam. Also ich schwanke. Vietnam oder Myanmar. Kulturell interessanter ist Myanmar, oder?“

„Oh, ja absolut."

Er schaute zwischen den beiden hin und her. Irgendwie war er raus aus dem Gespräch. Frau Weitgereist und der Amerikaner verstanden sich ja prächtig. Aber er versuchte es trotzdem noch einmal: „Schwärmen nicht alle immer von Thailand?"

„Natürlich", antwortete Frau Weitgereist ein wenig gönnerhaft. „Thailand ist das Asien für Anfänger. Natürlich ist es auch faszinierend, aber wenn man das wahre Asien erleben will ... oder?"

Sie zuckte die Achseln, und schaute den Amerikaner an. Die beiden nickten sich zu, waren ganz einer Meinung, und der Amerikaner runzelte die Stirn. „Wenn schon, dann Bali. Bali ist toll. Das wirst du lieben."

Und woher wollten die beiden das wissen, was er liebte? Neuseeland, Bali, vielleicht würde er es dort ja auch furchtbar finden? Er wusste natürlich genau, dass er es überhaupt kein bisschen furchtbar finden würde. Liebend gerne würde er auch mal dahin reisen. Aber das würde er hier ganz bestimmt nicht zugeben - da mischte sich die blonde Frau vom oberen Tischende ein.

„Ich verstehe diese ganze Faszination mit Asien nicht, das ist doch so ein Hype, oder? Es ist immer so wahnsinnig lässig, von seinen Asienreisen zu erzählen."

Cool. So wie sie das sagte, einfach cool, er wünschte, ihm würde auch mal so etwas einfallen. Das musste er sich merken. Dass sie Asien offensichtlich nicht bereist hatte, klang auch noch souverän. Er nickte ihr erleichtert zu und lächelte sie voller Zustimmung an. Endlich mal ein Mensch, mit dem man vernünftig reden konnte.

„Südamerika ist da ganz anders", fuhr sie fort. „Da erlebt man wirklich Un-ge-ahn-tes, sehr ursprünglich. Und, die Anden. Also, das ist so eine eigene Welt. Unglaublich, was man da sieht! Diese Kontraste! Und die Farben."

Vielleicht war sie doch kein Mensch, mit dem man vernünftig reden konnte. Die beiden anderen lauschten andächtig, und Frau Weitgereist nickte: „Das stimmt. Wobei Indien wirklich das farbenprächtigste Land ist, das ich gesehen habe. Wer Farben sehen will, der muss nach Indien."

Er gab auf und konzentrierte sich auf sein Essen. Nach und nach schob er seine Erbsen über den Teller, formte mit ihnen eine Linie, eine Perlenschnur aus Erbsen, die sich über seinen Teller schlängelte, während er nur noch mit halbem Ohr zuhörte. In dieses Gespräch würde er sowieso nicht mehr einsteigen können.

Der Amerikaner kaute jetzt einfach weiter, während er sprach, er schien von einem Hunger getrieben, der sich durch Essen allein nicht stillen ließ, während Frau Weitgereist neben ihm an ihrem Essen herumpickte wie ein Vogel.

„Ich werde nächstes Jahr auf jeden Fall noch einmal nach Südamerika fliegen. Vor zwei Jahren habe ich eine

Rundreise gemacht, um mir einen ersten Überblick zu verschaffen, Chile und Peru, Bolivien, Paraguay, Argentinien. Und Brasilien natürlich. Faszinierende Länder."

„Ecuador ist aber auch interessant, oder? Und Kolumbien. Mochte ich. Mochte ich sehr."

Der Amerikaner leerte schon wieder sein Glas in einem Zug, während Frau Weitgereist sinnierend an ihrem Glas nippte. „Der Wein ist gar nicht so schlecht für einen Schiffswein, oder?"

Natürlich, das musste ja so sein, dass sie sich auch noch mit Wein auskannte. Sie stellte das Glas wieder ab und setzte eine kleine Pause, bevor sie weitersprach: „Die Osterinseln waren für mich der beeindruckendste Zwischenstopp auf dem Weg in die Antarktis."

„Ach …" Der hungrige Amerikaner vergaß, die Gabel zum Mund zu führen, sie verharrte in der Luft, so erstaunt war er. Er starrte sie an: „Du warst in der Antarktis?"

„Ja, ich wollte es eigentlich lieber anders herum machen, erst die Arktis, dann die Antarktis, weil die ja viel beeindruckender ist, wegen der Steigerung, aber es hat sich nun mal anders gefügt."

Alle schauten sie jetzt mit großen Augen an, fühlten sich ein bisschen verraten: Sie war in der Antarktis gewesen.

„Und? Hast du Pinguine gesehen? Erzähl, wie war es?" Der Amerikaner schob sich die Gabel wieder in den Mund und kaute, während er sie neugierig betrachtete.

„Also, die See ist wesentlich unruhiger, wenn ihr leicht seekrank werdet, dann wird es eine Tortur. Eine absolute Tortur." Sie schüttelte den Kopf. „Ich lag vier Tage nur in meiner Kabine! Entsetzlich. Aber die Eisberge entschädigen einen ja für alles. Was man da sieht, also, unglaublich faszinierend. Und die Pinguine! Natürlich habe ich sie gesehen. Millionen von ihnen. Herrlich, die Pinguine! Ein unglaubliches Erlebnis. Sie können einen so richtig heiter stimmen."

Der hungrige Amerikaner schaute sie mit einem seltsamen Blick an, und schüttete das nächste Glas Wein hinunter wie Wasser.

Wenn er selbst schon solche Mengen Wein getrunken hätte, wäre er gar nicht mehr in der Lage, sich am Gespräch zu beteiligen. Aber das war er sowieso nicht. Er war weder nüchtern noch betrunken in der Lage, sich an diesem Gespräch zu beteiligen. Er seufzte. An diesen Tisch, zu diesen Leuten würde er sich bestimmt nicht mehr setzen. Warum hatte ausgerechnet er solche Idioten auf seinem Schiff? Er dachte, hier wären lauter Abenteurer, stattdessen war er umzingelt von Angebern. Sogar die Blonde mit den blauen Augen vom oberen Tischende, mit ihrem blödem Südamerika. Dabei hatte er sie wirklich ganz nett gefunden, Antarktis, Myanamar, Indien. Sollten sie doch.

„Gehen wir noch an die Bar?“

Der wie immer verbindliche Blick von Frau Weitgereist traf auch ihn, als sie die Frage in die Runde stellte. Aber er verneinte, nein, davon musste er sich wirklich nicht noch mehr anhören, er wollte nur noch weg. Er erhob sich schnell und nuschelte ein kurzes „Schönen Abend noch“, während seine Nachbarin jetzt die blonde Südamerikareisende ansprach.

„Aber du kommst mit, oder? Ich muss unbedingt alles darüber hören, wo es dir in Südamerika am besten gefallen hat.“

Die Blonde lächelte. Sie sah schwedisch aus. Bestimmt war sie Schwedin. „Vielleicht komme ich nach“, sagte Miss Schweden. „Ich gehe erst noch mal raus aufs Deck, das Licht ist so schön.“

Während er ging, verfolgte ihn das perlende, weitgereiste Lachen: „Mach das, und komm unbedingt noch in die Bar später! Es ist immer so anregend, die Geschichten von Orten zu hören, die man kennt, und dann zu erfahren, wie andere Menschen sie erlebt haben. Das liebe ich am Reisen, man trifft so faszinierende Menschen.“

Das liiiiiiebe ich am Reisen … er trat hinaus aufs Deck, ging ganz nach vorne an die Bugspitze, und atmete tief durch. Das liiiebe ich…, äffte er sie innerlich nach. Das liiiiiebe ich am Reisen …

„Das liiiiiiiiebe ich am Reisen …!“, tönte es leise hinter ihm.

Er fuhr erschrocken herum. Hatte er am Ende laut gedacht eben? Da stand die blonde Südamerika-Schwedin, grinste ihn mit ihren blauen Augen an und lehnte sich neben ihn an die Reling. Zusammen schauten sie übers Meer.

„Du bist ja wenigstens gereist", sagte er düster.

„Ich war jedenfalls noch nicht in der Nähe von Chicago", sagte sie.

„Nein, du warst stattdessen *nur* in Südamerika."

„Meinst du?", sie schaute ihn von der Seite an und grinste: „Dann hat es ja funktioniert!"

„Was hat funktioniert?"

Er drehte sich zu ihr, und sah, dass sie übers ganze Gesicht lachte.

„Aber du hast doch …", er stutzte und sah sie verwundert an.

„Genau!"

„Du hast von den Farben dort erzählt?"

Sie zuckte die Achseln und lächelte ihn mit ihren blauen Miss Schweden Augen an.

„Und du hast …", er brach ab.

„… die Namen der Länder richtig ausgesprochen?", ergänzte sie den Satz.

Er schüttelte ungläubig den Kopf.

Sie grinste und sah übers Meer. Er begann ebenfalls zu grinsen. Schüttelte den Kopf und sah sie noch einmal von der Seite an. Und dann begann er, schallend zu lachen.

KALTKEIMER

Sie kleideten sich meist nacheinander an, weil es in der Kabine so eng war, dass sie sich gegenseitig ständig im Weg waren. Pierre hatte ihre Kabine schon verlassen, und sie hatte den kleinen Raum nun für sich alleine, um sich in Ruhe den Schichten zu widmen, die sie nacheinander anlegen würde, um sich für den kommenden Ausflug zu rüsten. Es gefiel ihr, sich jeden Tag aufs Neue zu verpacken, es schien ihr so viel sinnvoller, sich in viele Schichten von Kleidung zu hüllen, als ihre Haut nur mit einem dünnen Stoff zu umgeben, wenn sie in die Welt trat. Sie hatte begonnen, diese Minuten, in denen sie mit ihren Kleidern alleine in der engen Kabine war, zu genießen. Als erstes schlüpfte sie in ihre Unterwäsche, sie trug stets vernünftige Unterwäsche. Kochfeste Baumwolle. Nicht so albernes Spitzenzeug wie Sandrine. Dann zog sie die warmen roten Kniestrümpfe an, die mit der Verstärkung am Fuß, dann die lange schwarze Thermounterhose, die sie extra für die Reise gekauft hatte, dazu das passende langärmelige Unterhemd. Dann kam die nächste Schicht, die winddichte graue Hose und ein flauschiger Fleecepullover in einem recht extravaganten Pink, eine Farbe, nach der sie niemals freiwillig gegriffen hätte. Doch als sie vor der Reise ihre Ausrüstung in einem Outdoorladen zusammengestellt hatte, war der einzige Fleecepullover in ihrer Größe dieser pinkfarbene gewesen. Sie konnte sich nicht erinnern, jemals etwas derart flauschigweiches besessen zu haben. Sie freute sich jeden Morgen darauf, den Pullover wieder anziehen zu können. Ihr Anorak war dunkelrot und eine Nummer zu groß, aber wenigstens war er nicht tailliert, wie die meisten dieser Outdoorsachen, so dass sie sich schon gefragt hatte, ob nur sehr schlanke Menschen Funktionskleidung kauften? Als die junge Verkäuferin mit den raspelkurzen Haaren ihr zu der roten Jacke noch einen Schal und eine Mütze mit einem Muster in rot, pink und violett vorgeschlagen hatte, hatte sie laut gelacht und nach einem grauen Schal gefragt, etwas gedecktes, bitte. Aber jetzt war sie seltsamerweise sogar froh, dass die junge Frau sie zu den bunten Sachen überredet hatte, sie schienen sie anzulächeln, wenn sie nach ihnen griff. Sie hatte noch nie so schöne Kleider gehabt, auf die sie sich jeden Tag aufs Neue so sehr freute. Dann stieg sie in ihre olivgrünen Gummistiefel und am Schluss zog sie ihre orangefarbene Rettungsweste über, die stets alle tragen mussten, wenn sie vom Schiff aus in die Schlauchboote stiegen, um einen Landausflug zu machen. Sie musste sich etwas seitlich eindrehen, um in dieser vollen Montur durch die schmale Kabinentür auf den Flur treten zu können, und fühlte sich ausgestopft wie das Michelinmännchen aus der Reifenreklame. Aber sie fühlte sich dabei gut. Erstaunlich gut. So wie sie diese ganze Reise erstaunlich gut fand.

Sie hatte eigentlich noch nie einen Hang zum Reisen verspürt. Sie blieb am liebsten zuhause, in ihrem Garten, der im Wandel der Jahreszeiten für sie immer neu aussah. Schon die zwei kleinen Reisen, die Pierre und sie jedes Jahr unternahmen, waren ihr zuviel. Im Sommer ging es stets für zwei Wochen in die Bretagne, und im Herbst fuhren sie für eine Woche in die Nähe von Marseille, wo Pierres Familie herkam. Seit sie mit Pierre verheiratet war, unternahmen sie diese beiden Reisen. Jahr für Jahr, seit 33 Jahren. Und seit 33 Jahren tat es ihr leid, in dieser Zeit ihren Garten alleine zu lassen, vor allem im Sommer, weil sie dadurch unzählige Blüten ihrer Taglilien verpasste. Aber natürlich wusste sie, dass sie mitfahren musste, und Widerstand zwecklos war. Auch wenn sie noch nie versucht hatte, Widerstand zu leisten.

Ein einziges Mal hatte sie gesagt, Reisen mache ihr wenig Spaß, sie wisse auch nicht, warum alle Welt im Sommer wegfuhr, wo es doch gerade dann zuhause so schön war. Alle hatten mit Erstaunen und Entsetzen reagiert. Sandrine hatte sehr theatralisch den Kopf geschüttelt und die Arme in die Luft geworfen. Wie konnte man denn nicht gerne wegfahren, wie war so etwas denn möglich?! Wenn sie sagte, was sie wirklich dachte, waren die Reaktionen oft zumindest verwundert, wenn nicht gar entgeistert. Deshalb hatte sie sich über die Jahre angewöhnt, selten zu sagen, was sie dachte. Sie hatte sich angewöhnt zu schweigen.

Sie stapfte in ihren Gummistiefeln zum Treffpunkt auf dem Mitteldeck, wo sich schon viele orangefarbene Rettungswesten versammelt hatten, und hielt nach Pierre Ausschau. Pierre stand hinter einer so großen Gruppe von Rettungswesten, dass sie es nicht schaffen würde, sich an ihnen allen vorbeizudrücken, um neben ihm zu warten, damit sie zusammen in ein Boot kommen würden. Sie winkte ihm, um ihm zu verstehen zu geben, dass es ihr nichts ausmachte, ohne ihn in einem anderen Boot zu fahren, stopfte die Hände in die Taschen ihres Anoraks und wartete, dass es los ging.

Weil Pierre einen Bericht über die Arktis gesehen und beschlossen hatte, dass sie in die Arktis fahren sollten, bevor das Eis schmolz, die Eisbären ausstarben und sie zu alt wären, um so eine abenteuerliche Reise zu unternehmen, war der Sommerurlaub in die Bretagne dieses Jahr ausgefallen. Sie hatte gerade die ersten Knospen an den Taglilien entdeckt, als Pierre vom Reisebüro zurückgekommen war und aufgeregt mit einem Umschlag gewedelt hatte, in dem sich die Tickets für diese Reise befanden. Sie hatte es nicht glauben können, dass sie die bunte Pracht ihrer Taglilien dieses Jahr nicht für zwei Wochen an der zerklüfteten Atlantikküste eintauschen sollte, wie immer, was ja schon schlimm genug war, sondern für zwei Wochen auf einem Schiff im Polarmeer. Auf einem Schiff voller fremder Menschen, umgeben von Eismeer, Gletschern, Felsen und Schnee. Konnte es etwas Schlimmeres geben? Wenn ja, dann fiel es ihr in diesem Moment nicht ein. In der Bretagne blühten wenigstens noch Hortensien, aber auf Spitzbergen? Sie würde zwei Wochen lang nichts Blühendes sehen.

„Aber …“, hatte sie hilflos angesetzt. „Aber …“. Weiter war sie nicht gekommen. Erst als Pierre schon wieder im Haus war, hatte sie leise herausgebracht: „… mein Garten …“

Später hatte sie sich den Prospekt angeschaut, den Pierre ihr wortlos hingelegt hatte. Pierre hatte sich nicht für ein luxuriöses Kreuzfahrtschiff entschieden. Sie würden Spitzbergen auf einem russischen Eisbrecher umrunden. Das Schiff hieß Arctic Dream, und die Kabinen waren sehr klein. Zwei schmale Pritschen, eine Nasszelle. Zwei Wochen würde die Reise dauern. In dem Prospekt hatte das alles ausgesehen wie ein Campingurlaub, obwohl der Preis eher dem eines Luxusliners entsprochen hatte. Wahrscheinlich wegen der Expeditionen. Ausgebildete Guides würden sie zur Sicherheit bei diesen Landgängen mit Gewehren begleiten, hatte sie gelesen, und es mit der Angst zu tun bekommen. Sie wollte lieber nicht neben Menschen mit Gewehren in der Arktis herumlaufen. Doch Pierre hatte genau das gewollt, und sie hatte genau gewusst, dass sie ihm niemals genug Widerstand entgegenbringen könnte. Bis ihr die richtigen Argumente eingefallen wären, wäre die Reise schon vorbei.

Keine Bäume, keine Blumen, kein Grün. Stattdessen Eismeer. Ein Ort, an dem nichts wuchs. An dem kein Mensch leben konnte. Warum sollte ausgerechnet sie dorthin? Pierre wusste doch, dass sie Blumen mochte und Gärten. Das wusste jeder von ihr. Dass sie eine gute Gärtnerin war und einen grünen Daumen hatte. Das war das, was sie selbst von sich wusste. Daran hatte sie sich stets festgehalten wie an dem Gedanken an ein Beet, das sie bepflanzen wollte. In ihrem Garten kannte sie jede Blume und jedes Blatt, und die Pflanzen sprachen zu ihr. Sie wusste, wo sie im Februar nach den ersten Schneeglöckchen Ausschau halten musste, sie fragte sich im März, ob das Tränende Herz sich zwischen den Vergissmeinnichts wohl vermehrt hatte, und freute sich, wenn der Garten ihr im April die Antwort gab. Im Garten war alles einfach. Vor allem, wenn sie dort alleine war. Draußen, jenseits des Gartentores war es anders. Wenn sie ihre kleine Gartenwelt verließ, ging sie sich leicht verloren, trotz ihrer vielen Kilos. Manchmal dachte sie, wenn sie ihre vielen Kilos nicht hätte, die sie durch die Welt trugen wie ein Rettungsring, würde sie einfach darin untergehen.

Pierre wusste immer ganz genau, was er wollte. Ein Brioche mit Aprikosenmarmelade zum Frühstück. Lederschuhe in Cognacbraun. Das French Open nicht verpassen. Den amtierenden Bürgermeister wieder wählen. Ein Steak mit grünen Bohnen zum Abendessen und dazu den Bordeaux, den sie vor drei Jahren direkt von dort mitgebracht hatten. In die Arktis reisen. Sie musste dagegen immer erst über alles nachdenken, und selbst dann führten ihre Gedanken sie nicht immer verlässlich zu einem Ergebnis. Und wenn sie irgendwann zu einem Ergebnis kam, dass sie vielleicht auch ein Brioche zum Frühstück wollte, aber mit Brombeermarmelade, nicht mit Aprikosenmarmelade, dann war es schon Mittag und der Zeitpunkt, an dem sie hätte mitteilen müssen, was sie wollte, längst vorbei. Sogar bei ihrer Hochzeit war das so gewesen. Pierre wusste alles so gut. Er wusste immer was richtig war. Termin, Gästeliste, Torte, Brautstrauß. Es war nicht so, dass sie überlegen musste, ob sie ihn überhaupt heiraten wollte. Nein, es war genau das, was sie schon immer gewollt hatte. Pierre heiraten. Pierres Frau werden. Sie hatte Ja gesagt zu ihm, und dann Ja gesagt zu all seinen raschen, wundervollen Entscheidungen. Seine Entscheidung für sie. Für die Einladungskarten, für das Hochzeitsmenü. Erst als sie am Arm ihres Vaters den Mittelgang der Kirche entlang geschritten war, hatte sie gemerkt, dass der Blumenschmuck an den Bänken sie an Beerdigungen erinnerte. Die Blumen hätten doch bunt sein müssen, nicht weiß. Sie hätte viel lieber bunte Blumen gehabt zu ihrer Hochzeit. Natürlich war es da zu spät gewesen. Es hatte ihr damals nicht viel ausgemacht. Schließlich heiratete sie Pierre. Und was er wollte, das wollte sie auch, es war auch viel einfacher. Über dreißig Jahre lang war das so einfach gewesen.

Doch dann war im letzten Sommer die Sache mit den Pfirsichen passiert. Pierres Chef hatte, wie er es einmal im Jahr tat, weil er auf so etwas hielt, seine engsten Mitarbeiter mit Ehefrauen zum Abendessen eingeladen. Wie jeden Sommer hatte man zusammen bei ihm auf der Terrasse gesessen. Die Männer hatten über ihren Beruf geredet, wie immer, und sie hatte die meiste Zeit einfach zugehört. Das Gespräch unter den Frauen war eher zäh. Die Gastgeberin war klug und belesen, eine Lehrerin, die über Bücher sprach, von denen sie selbst noch nie gehört hatte, so dass sie sich dumm und ungebildet fühlte. Eine andere sprach über ihren Beruf als Chefeinkäuferin eines Modehauses und wie schwer es war, heute gute Qualität zu bekommen, und ihre direkte Tischnachbarin hatte versucht, sie in ein Gespräch über Diäten zu verwickeln. Als ob ihre Körpergröße darauf schließen ließe, dass sie sich für Diäten interessieren müsse. Niemand hatte über Gärten sprechen wollen oder Blumen. Sie fühlte sich nutzlos und zu schwer, schwitzte in ihrer Bluse, die viel zu warm war für den lauen Sommerabend, spürte wie die Riemchen ihrer Sandalen ihre Füße so einschnürten, dass sie sich am ganzen Körper unbehaglich fühlte, und betrachtete neidisch die schlanken, gebräunten Füße der Gastgeberin, die elegant auf und ab wippten, während sie kluge Dinge sagte. Sie nippte an dem bestimmt sehr teuren Wein, der ihr trotzdem nicht schmeckte und begann darüber nachzudenken, ob sie nicht im Herbst einen ganzen Teppich Duftveilchen aussäen sollte. Sie würde die Samen auf dem ganzen Rasen verteilen. Veilchen waren Kaltkeimer und brauchten Frost, damit sie im Winter keimen konnten, um im Frühling aufs Schönste zu blühen. An diesem Gedanken hielt sie sich fest. Ein Meer duftender Veilchen in der Frühlingssonne.

Doch mit einem Mal wurde der Veilchenduft von einem anderen, ebenso intensiven Duft verdrängt. Die Gastgeberin hatte eine Schale mit Pfirsichen auf den Tisch gestellt. Aus ihrer Veilchenwiese blickte sie direkt in die Schale. Es waren wunderbare Pfirsiche. Auf ihrem feinen Flaum perlten noch die Wassertropfen aus der Küche, und sie dufteten wie ein lang vergessener Sommer. Pfirsiche. Sie hatte jahrelang keine Pfirsiche mehr in der Hand gehabt. Pierre mochte keine Pfirsiche. Die pelzige Haut widerte ihn an. Er konnte sie nicht berühren, er wollte sie nicht einmal sehen. Weil Pierre keine Pfirsiche mochte, hatte es bei ihnen keine Pfirsiche mehr gegeben. Sie hatte stattdessen einfach Nektarinen gekauft. Das war ja das gleiche, nur in glatt. Hatte sie gedacht. Doch das stimmte nicht. Plötzlich sah sie ganz deutlich, dass es nicht stimmte. Pfirsiche waren etwas völlig anderes. Pfirsiche dufteten und waren fast lebendig mit ihrer pelzigen Haut, während Nektarinen ihr jetzt künstlich vorkamen, steril in ihrer makellosen Glätte. Die Pfirsiche auf diesem Tisch erschütterten sie zutiefst. Sie liebte Pfirsiche. Und sie hatte es vergessen. Sie hatte es komplett vergessen.

Während Pierre dankend den Kopf schüttelte, als man ihm die Schale mit den Früchten anbot, griff sie fast ehrfürchtig hinein, um einen der Pfirsiche für sich herauszunehmen. Bevor sie ihn zerteilte, strich sie mit der Fingerspitze vorsichtig über den Pfirsichpelz und dann kam die Erinnerung. Und traf sie mit einer Wucht, die sie verblüffte. Sie erinnerte sich plötzlich, wie sie als Kind zusammen mit ihrer Schwester nachts im Bett Pfirsich gespielt hatte. Sie hatten sich nebeneinander gelegt und sich im Dunkeln gegenseitig die feinen Härchen über ihren Oberlippen vorsichtig gegen den Strich zur Nase hin gestreichelt und überlegt, wer der zärtere Pfirsich war. Pfirsiche waren ihr Lieblingsobst gewesen, und der weiße Pfirsichbaum im Garten ihr liebster Spielplatz.

In der Nacht nach dieser Dinnerparty bei Pierres Chef hatte sie schlaflos im Bett gelegen und ihr Herz laut in ein viel zu großes Dunkel hinein klopfen gehört. Sie liebte Pfirsiche. Und sie hatte 32 Jahre ihres Lebens Nektarinen gegessen. Das würde sie nie aufholen können. Doch was ihr in dieser Nacht wirklich den Schlaf raubte, war die Angst, noch viel mehr vergessen zu haben von allem, was sie vielleicht schon einmal von sich gewusst haben könnte. Ihr Herz hatte laut und klagend gepocht, so dass sie nicht hatte schlafen können. Stattdessen bekam sie Angst, sich aufzulösen in der weiten Dunkelheit dieser Nacht. Als sie schließlich ihre Fingerkuppe in die kleine Mulde zwischen ihrer Oberlippe und ihrer Nase legte und sich nervös über die kleinen Pfirsichhärchen strich, merkte sie, wie lange sie nicht an ihre Schwester gedacht hatte, und wie sehr sie sie vermisste.

Am darauffolgenden Morgen war sie aus dem Gartentor hinausgetreten, um auf den Wochenmarkt zu gehen. Dort lief sie aufmerksam zwischen den Ständen auf und ab, betrachtete jedes Obst und jede Sorte Gemüse, die dort zu prächtigen Bergen aufgetürmt lagen.

Und als sie vor den Pfirsichen stand, die rotwangig, mit zartem Flaum und vereinzelten Blättern an den Stielen zu hübschen Pyramiden aufgetürmt waren, da regte sich wieder etwas in ihr, wie Musik. Es war, als ob sie einen alten, vergessenen Klang hörte, der sie bewegte. Sie füllte ihren ganzen Korb. Sanft setzte sie eine Frucht neben die andere, hieß sie willkommen in ihrem Korb und bezahlte verträumt für sieben und ein halbes Kilo. Als sie sich gerade zum Gehen wandte, tauchte ihre Freundin Sandrine neben ihr auf und fragte besorgt: „Liebes, was ist denn mit Dir? Ist alles in Ordnung? Ist etwas passiert?"

„Ja", hatte sie geantwortet und war in Tränen ausgebrochen. „Ich liebe Pfirsiche."

Sandrine hatte sie nach Hause gebracht und eine ganze Weile leise mit Pierre geredet. Dabei hatte Sandrine immer wieder seine Hand genommen und rasch losgelassen, wenn sie zu ihnen hinübersah, während sie die Pfirsiche alle nebeneinander auf den Küchentisch gesetzt hatte und einen nach dem anderen liebevoll streichelte, wie die Ernte vom weißen Pfirsichbaum ihrer Kindheit, die sie zusammen mit ihrer Schwester sortiert hatte, damals. Die besten für die Obstschale, die beinahe besten zum Einkochen, und die mit den unschönen Stellen für Marmelade und Kompott. Pierres und Sandrines bestürzte Gesichter hatte sie dabei einfach ignoriert. Pierre war noch zweimal in die Küche gekommen, nachdem Sandrine wieder weg gegangen war, hatte es aber nicht aushalten können, dabei zuzusehen, wie ihre Hand über die pelzigen Früchte strich. Sie musste zugeben, dass es ihr eine gewisse Zufriedenheit beschert hatte, Pierre mit einer so winzigen Handbewegung aus der Küche vertrieben zu haben.

Seit diesem Erlebnis war sie von dem unstillbaren Drang erfüllt gewesen, wissen zu wollen, was sie wirklich mochte. Was sie liebte, wer sie war und all das nicht zu spät, sondern genau in dem Augenblick, in dem es darauf ankam. Den Pfirsich mögen, wenn er reif war. Sie hatte sich vor ihren Kleiderschrank gestellt und Stück für Stück darin betrachtet. Alles, was kein Echo in ihr hervorrief, kam in einen großen Sack, den sie der Kirche spendete. So hatte sie sich durch das ganze Haus bewegt, durch die Fotoalben, durch die Rezeptbücher, durch die Küchenschränke, durch den Gartenschuppen. Sie hatte ihre ganze kleine Welt durchforscht und sowohl kostbare Reichtümer als auch eine Menge Müll gefunden. Einige Wochen später wusste sie, dass sie ihre Gartengummistiefel mochte und den Geruch von Toastbrot, dass die meisten ihrer sogenannten Freundinnen ihr so egal waren wie das von ihrer Schwiegermutter geerbte Teeservice mit den gelben Rosen in ihrer Porzellanvitrine. Pierre hatte nicht bemerkt, wie leer es allmählich in ihren Schränken geworden war, es schien ihn nicht sonderlich zu interessieren. Sandrine, die alle paar Tage mit besorgter Miene vorbeikam, um nachzusehen wie es ihr ging, und ob wieder alles in Ordnung war, bemerkte ebenfalls nichts, weil sie viel zu beschäftigt damit war, Pierre verständnisvolle Blicke zuzuwerfen, so dass sie ebenfalls von der Liste der Freundinnen gestrichen wurde. Sie hatte überlegt, ob sie seit dem Tod ihrer Schwester überhaupt jemals wieder eine Freundin gehabt hatte, ihre beste Freundin war immer ihre Schwester gewesen. Die Frage hatte sie sich mit einem Nein beantwortet, das sie traurig machte.

Und jetzt war sie hier, auf einem Schiff im Eismeer und sie mochte diese Reise. Sie mochte die Schichten, in die sie sich täglich hüllen konnte, sie mochte diese nördliche Version ihrer selbst. Zuhause sahen ihre pummligen Füße in ihren Ballerinas immer zu dick aus, so dass sie sich für sie schämte. Die Stoffe ihrer Sommerkleider waren immer zu dünn und bildeten ihren Körper viel zu genau ab, als ob es irgendjemanden interessieren würde, wo und wie ihr Körper genau begann und wo er aufhörte, oder vielmehr, wo er nicht aufhörte. Den Anoraks sah man nicht an, was genau dahinter steckte, und in den klobigen Gummistiefeln, die hier alle trugen, hatten alle den gleichen tolpatschigen Gang, egal wie gelenkig und trainiert, zierlich und behände sie sonst vielleicht sein mochten. Die Kargheit der Ausblicke gab ihr eine innere Ruhe, das sanfte Schaukeln des Schiffes streichelte ihre Nerven und sie fühlte sich richtig hier und gut. In diesen hellen arktischen Sommernächten fand sie eine Version von sich, die sie vergessen hatte. Zum Frühstück lagen jeden Tag Pfirsiche in der Obstschale auf dem Buffet.

Im Schlauchboot saß sie neben Anneke, einer jungen holländischen Gärtnerin, mit der sie schon interessante Gespräche geführt hatte. Unter anderem über die schwarze Taglilie, die sie schon lange suchte, über wandernde Fingerhüte und gefüllten Mohn, über Rittersporn, der einfach verschwand und darüber, dass sie es nicht übers Herz brachte, das Argentinische Eisenkraut auszurupfen und wegzuwerfen wie Unkraut, obwohl es sonst alles überwucherte.

„Den Ausflug heute wirst du ganz besonders lieben", sagte Anneke, die schon einige Male in der Arktis gewesen war, und lächelte sie an. „Die Tundra ist nämlich wunderbar."

Sie hatte mit Moosen und Flechten gerechnet, mit etwas Gras, vielleicht sogar Wollgras. Aber hier wuchs viel mehr. Hier blühte es. Es blühten sogar Pflanzen, die sie kannte. Steinbrech in üppigen rosa Polstern. Dazwischen gelber Hahnenfuß, und heller Mohn, der zwei Zentimeter über dem Boden seine winzigen Blüten ins Licht streckte. Alles, was hier wuchs, war winzig klein, wie in einer Miniaturversion, und machte sie zu einer mächtigen Riesin, die die Winzigkeiten bestaunte. Das überraschte sie. Sie hätte es niemals für möglich gehalten, dass hier überhaupt Pflanzen wuchsen, geschweige denn Pflanzen, die sie kannte.

Und diese Blütenfülle! Sie kniete sich mitten in die Tundra und schaute sich die kleinen Wesen mit ihren unzähligen Blüten an. Rührend waren diese winzigen Dinger, rührender als alle Blumen, die sie je gesehen hatte, und sie, die Riesin musste sich deshalb sogar Tränen aus den Augenwinkeln tupfen.

„Der Sommer ist kurz hier, die haben gar keine Zeit zu wachsen", sagte Anneke, und zusammen betrachteten sie verliebt die zarten Äderchen der winzigen Glockenblumen.

„Und trotzdem tun sie es."

„Ja, sie tun es trotzdem. Und weil sie bestäubt werden wollen, müssen sie dem Wind tausende von Blüten anbieten. Also stecken sie die ganze Kraft in die Blüten, nicht in die Größe."

Sie streichelten zusammen den haarigen Mohn, berührten die perfekten Glöckchen der Heide.

„Hier wollen alle immer nur die Eisbären sehen, und die Walrosse, die großen, großen Tiere", sagte Anneke. „Alle großen Tiere wollen große Tiere sehen! Aber warte, ich zeige dir etwas wirklich Großartiges."

Anneke ging ein Stück weiter und kniete sich auf ein grünes Blätterbett. „Weißt du, was das hier ist?"

Sie ließ sich neben Anneke auf den weichen Boden sinken und schaute die Blättchen konzentriert an, dann schüttelte sie den Kopf.

„Du kennst die Pflanzen, aber nicht in dieser Größe. Es sind Weiden."

Anneke deutete über die Tundra, die vor ihnen lag: „Das ist ein Weidenwald."

Sie lachte. „Wir sind Riesen, die über Weidenbäume laufen?"

Anneke nickte.

Als sie weitergingen versuchte sie, vorsichtig neben die kleinen Weidenpolster zu treten, um die Bäumchen nicht zu beschädigen, die es immerhin geschafft hatten, zwei, drei Zentimeter groß zu werden. Sie hatten sich entschieden zu wachsen. Trotz allem. Es war ein Wunder. Ein Weidenwald konnte wachsen, wo es unmöglich war, ein tausendfaches Blütenmeer konnte sich entfalten, wo niemand es auch nur ahnte.

Sie konnte eine Riesin sein und über Wälder laufen.

Sie konnte alles sein.

Sie konnte sich entscheiden zu blühen.

DIE BESTIMMUNG DER EISSCHOLLE

Sie lehnte an der Reling und sah in die Weite. Sie lehnte immer an der Reling und sah in die Weite. Seit sieben Tagen war das Schiff unterwegs, und seit sieben Tagen lehnte sie an der Reling und starrte in den hellen Himmel über ihnen, der sich nie verdunkelte, weil die Erde sich hier – zumindest den ganzen arktischen Sommer lang – nie von der Sonne abwendete. Manchmal suchten ihre Augen vergeblich den Horizont. Nicht immer war er zu erkennen, denn das Meer und der Himmel schienen irgendwo in der Ferne fließend ineinander überzugehen. Aber meistens starrte sie über das dunkelblaue, fast schwarze Wasser, auf dem heute unzählige Eisschollen trieben, und ein sich ständig wandelndes Mosaik bildeten. Die

Schollen trieben gemächlich um das Schiff herum. Manchmal stießen sie aneinander. Verharrten so lange Seite an Seite, bis sie aneinander festfroren und sich dadurch verbanden. Manche schwammen nach der Kollision mit anderen Eisschollen einfach auf eigenen Bahnen weiter, als wäre nichts gewesen, drifteten langsam wieder voneinander weg. Andere zerbrachen in mehrere Teile, lösten sich auf, sobald sie zusammenstießen. Es war unberechenbar.

Manchmal fixierte sie eine Eisscholle und überlegte, wohin sie wohl driften würde. Welcher Scholle würde sie als nächstes begegnen, und würde sie sich wohl mit ihr verbinden, oder gelangweilt vorbeidriften? Oder würden sie aneinander festfrieren, um später mit einem Knall auseinander zu brechen? Selten lag sie richtig. Das Eis folgte eigenen Gesetzen, die sie nicht zu verstehen schien.

Als der Gong zum Mittagessen ertönte, konnte sie sich nur schwer losreißen, sie hatte das Gefühl, wenn sie den Eisschollen nur lange genug zuschauen könnte, dann würde sie beginnen, sie zu verstehen. Warum hielten Verbindungen? Und warum brachen andere? Nach einer Weile löste sie sich von der Reling, um doch hineinzugehen. Seit dem Frühstück waren vier Stunden vergangen, und sie hatte ganz einfach Hunger. Sie entledigte sich ihrer warmen Jacke, zog die Mütze vom Kopf und versuchte kurz und vergeblich, die statisch aufgeladenen Haare wieder in Form zu bringen, die ihrer Mütze nachflogen. Wahrscheinlich sah sie jetzt wirklich völlig bescheuert aus, ihre blonden Haare klebten eng am Kopf wie ein Kappe, die Spitzen spreizten sich aufgeladen in alle Richtungen. Zuhause wäre sie erst einmal ins Bad gegangen, hätte sich die Hände mit Wasser benetzt, um sich durch die Haare zu fahren und irgendeine Art von Frisur zu richten. Hier war das egal. Hier ging es um ganz andere Fragen.

Als sie in der Tür zum Speiseraum stand und spürte, wie ihr Gesicht in der warmen Luft, die von Essensdüften gefüllt war, zu glühen begann, betrachtete sie die Menschen, die durch den Saal drifteten, um sich an den Tischen zu verteilen und ihren Platz zu finden. Die meisten Tische waren Sechsertische. Sie sah, wie das ältere deutsche Ehepaar einen Tisch ansteuerte, an dem dann doch nur noch ein Platz frei war, und deshalb zu einem anderen Tisch weiterdriftete, an dem es noch mehrere leere Stühle gab. Sie sah die Paare, die immer zusammen irgendwohin ruderten, und dann stehen bleiben mussten, weil es den einen nach links zog und den anderen nach rechts, und bis sie sich geeinigt hatten, mussten sie dann ganz woanders hin steuern, weil andere die Plätze inzwischen eingenommen hatten. Da hatten es die Alleinreisenden einfacher. Ein einzelner Platz fand sich leicht.

Als sie die Reise gebucht hatte, hatte sie sich ausdrücklich danach erkundigt, ob man sich auch nicht blöd vorkäme, alleine auf einem großen Schiff, auf dem es bestimmt von Paaren wimmelte. Die Frau im Reisebüro hatte vehement den Kopf geschüttelt und ihr versichert, dass man sich dort ganz und gar nicht seltsam fühlte, dass es meist etliche Reisende gab, die alleine unterwegs waren. Sie musste sie wohl skeptisch angeschaut haben, während sie überlegt hatte, ob die Frau ihr das nur erzählte, weil sie ihr unbedingt die teure Reise verkaufen wollte. Aber die hatte anscheinend ihre Gedanken lesen können, denn sie hatte gegrinst und gestanden, dass sie diese Reise ebenfalls alleine gemacht hatte, letztes Jahr, mit den gleichen Befürchtungen. Die sich in Luft aufgelöst hatten.

„Auf dem Schiff ist es anders als im Italienurlaub“, hatte sie gesagt. „In Italien kann man es alleine den ganzen Tag über schön haben, aber abends beginnt das Elend. Oder gibt es etwas Schlimmeres, als alleine an einem Zweiertisch zu sitzen, von dem das zweite Gedeck weggeräumt wird, nachdem man zweimal laut sagen musste, dass man niemanden mehr erwartet?!“

„Und rundherum die ganzen Pärchen, die heimlich tuschelnd zu einem rüberstarren und sich fragen, ob man wohl grade versetzt wurde …“

Sie hatten beide wissend genickt. In diesem Moment im Reisebüro hatte sie sich darüber amüsieren können, weil sie zusammen mit jemandem über diese Nöte gelacht hatte. Aber es hatte diese Momente gegeben, in denen sie zuhause in ihrem Sessel saß, und sich fragte, ob das vielleicht doch alles falsch gewesen war? Ob sie gar nicht dafür gemacht war, Beziehungen zu führen, auf jemanden einzugehen, sich zu einigen, sich zu verbinden. Manchmal zweifelte sie an allem. An sich selbst am allermeisten.

„Aber wer bucht denn Arktisreisen? Wer will denn da hin?", hatte sie gefragt.

„Na ja, so Verrückte wie Sie und ich eben."

Sie hatten wieder lachen müssen. Wenn man Publikum hatte, war es noch witzig, von sich selbst als einer Verrückten zu sprechen. Ohne Publikum nicht.

Jedenfalls hatte die Frau im Reisebüro recht behalten, dachte sie, als sie im Speisesaal stand. Es gab wirklich genug Alleinreisende. Und obwohl sie sich oft fragte, warum diese hübsche, quirlige Elena, dieser schüchterne Engländer, oder der große, schweigsame Amerikaner alleine reisten, war es eigentlich völlig egal. Hier zählte nur, dass man überhaupt da war. Wahrscheinlich ließen sich Eisschollen auch besser alleine beobachten.

Sie hatte schon lange in die Arktis reisen wollen, hatte jedoch niemanden gefunden, der das mit ihr hatte machen wollen. Die Antworten hatten variiert: Ach, interessant wäre das schon mal, aber mein Sommerurlaub ist mir heilig! Oder: Südafrika ist doch viel interessanter. Oder: Was? Für das Geld kannst du einen dreiwöchigen all-inclusive Luxusurlaub in

Thailand machen! Auch Jonas hatte es immer als einen Spleen von ihr abgetan. Es ging ihr schon ihr ganzes Leben lang immer wieder so, dass sie die Seltsame war, die seltsame Dinge sagte, wollte, hoffte, und nicht verstand, warum andere ihre Gedanken nicht teilten. Warum sollte es seltsam sein, in die Arktis reisen zu wollen? Schon so lange hatte sie von dieser Reise geträumt, sie konnte gar nicht verstehen, wie man nicht davon träumen konnte. Hier auf dem Schiff war sie zum ersten Mal unter Menschen, mit denen sie diesen Traum teilte. Für die es nicht seltsam war, hier zu sein, sondern normal. Vielleicht nicht völlig normal, denn man musste schon eine ganze Weile sparen, bis man sich den Traum erfüllen konnte. Arktisreisen gab es nicht im Sonderangebot. Deshalb hatte sie auch auf die Einzelkabine verzichtet, und teilte sich die kleine Kammer mit Ann, einer kanadischen Vorstandssekretärin, die unbedingt den jährlichen Wettbewerb ihres Hobbyfotografenclubs gewinnen wollte, und sich erhofft hatte, dass außergewöhnliche Motive auch außergewöhnliche Bilder schaffen würden.

Dass sie selbst jetzt hier war, war dann fast zufällig passiert. Angefangen hatte alles mit dem Haus in Stockholm, und damit, dass sie einen Sessel aus dem Wohnzimmer ins Schlafzimmer im ersten Stock schleppen mussten, weil Jonas einen neuen gekauft hatte.

Jonas kaufte oft neue Dinge. Er richtete ihr Haus so perfekt ein, wie es nur ging. Seit er das Haus hatte, verbrachte er Stunden mit Innenarchitektur- und Designmagazinen, die auf dickem Papier gedruckt und immer viel schwerer waren, als sie dachte, wenn sie die Hefte vom Tisch aufhob, um darunter auch einmal zu wischen. Er blätterte durch Möbelkataloge, las Blogs über modernes Wohnen in Städten, und auf dem Land und in Städten in anderen Ländern Europas und Wohnen auf dem Land in Orten außerhalb Europas. Wenn sie Besuch von Freunden hatten, dann erzählten sie sich nichts aus ihrem Leben, redeten nicht über ihren Job, über ihre Eltern, über andere Freunde, oder Dinge die sie beschäftigten. Sie redeten über Möbel. Über Fliesen, über Böden, über Wandfarben. Er sprach ständig von seinen Visionen. Aber sie fand, dass Visionen eigentlich nichts mit Materie zu tun hatten. Und alles, was ihn beschäftigte, war Materie, Material, das er für die Räume anschaffte, mit denen er sich umbaute. Und dann war es plötzlich dieser neue Sessel gewesen, das unwiderstehliche Angebot eines privaten Händlers für einen Eames Lounge Chair, mit Fußteil, das Original natürlich, von Kopien hielt er nichts, auch nichts von lizenzierten Kopien. Von diesem Sessel hatte er schon immer geträumt, und ihr alter Sessel, ein gemütlicher Ohrensessel mit einem abgewetzten Rosenbezug, den er am liebsten schon gleich zu Anfang aus dem Wohnzimmer verbannt hätte, konnte endlich verschwinden.

Der alte Sessel war gar nicht so schwer, als sie ihn anhoben, um ihn nach oben zu schaffen, außer Sichtweite. Aber er war unhandlich, und sie wusste nicht, wie sie ihn überhaupt greifen könnte. Und dann stellte sich auch noch heraus, dass er kaum über die relativ schmale, gewundene Treppe passte, die nach oben führte. Der Sessel rutschte ihr beinahe aus den Händen, mit denen sie versuchte, ihn so zu packen, dass sie ihn etwas drehen konnte, nach den Anweisungen, die Jonas irgendwo über ihr von sich gab. Ungefähr in der Mitte der Treppe blieben sie stecken. Es ging weder vor noch zurück. Er versuchte zu ziehen, sie versuchte zu drücken, das Ding bewegte sich keinen Zentimeter mehr weiter. Und dann musste sie lachen.

Das Lachen brach völlig überraschend aus ihr hervor, sie konnte es nicht anhalten, und lachend wurde es noch schwerer, den Sessel zu halten. Jonas fluchte von oben. Sie hatte gespürt, wie seine gute Laune schwand, die er eben noch lächelnd – etwas übertrieben, wie sie fand, zur Schau gestellt hatte, angesichts der Tatsache, dass das Wohnzimmer gleich noch ein bisschen perfekter sein würde, wenn ihr klobiger, altmodischer Sessel endlich nicht mehr den Look störte. Er gab genervt immer lautere und immer strengere Anweisungen, die sie noch mehr zum Lachen brachten. Es war so absurd. Sie versuchte, den Sessel weiter festzuhalten. Ihn vor Lachen nicht einfach fallen zu lassen, während in ihrem Kopf das Bild entstand, wie sie nun hier zusammen auf der Treppe feststeckten. Sie sah alles wie von oben, von ganz weit oben, weit weg von der Treppe und dem leeren Platz im Schlafzimmer, den sie vorher für ihren alten Sessel freigeräumt hatte, weit weg von dem neuen Designerstück im Wohnzimmer und der puristischen Stehlampe, die daneben stand. Als hätte jemand das Dach ihres Hauses abgehoben und sie könnte von oben hineinschauen, wie in ein Puppenhaus, in dem zwei kleine Menschen mit einem klobigen altmodischen Sessel auf der Treppe feststeckten, für immer feststeckten, während unten die puristische Stehlampe den neuen Eames Chair beleuchtete. Und als sie so von oben in ihr Haus schaute, als ihr das Lachen plötzlich im Halse steckenblieb, genau wie der Sessel auf der schmalen gewundenen Treppe, traf sie die Erkenntnis, dass das doch gar nicht ihr Leben war. Das Haus, der Eames Chair, Jonas. Sie wollte da gar nicht sein. Sie wollte aus dem Haus hinauslaufen, weg, sie wusste nicht wohin, einfach irgendwohin, denn hierher, in dieses Haus gehörte sie genausowenig wie ihr Sessel. Das sah sie in diesem Moment ganz deutlich. Und sie konnte nicht verstehen, dass sie das vorher nicht hatte erkennen können. Dass es des neuen Sessels bedurft hatte, zu begreifen, dass sie sich in ein Leben gezwängt hatte, in das sie genausowenig passte wie ihr gemütlicher, abgewetzter Sessel.

Sie hatten den Rosensessel dann gar nicht mehr nach oben getragen. Sie hatten ihn unten in der Diele abgestellt, wo er ihnen entsetzlich im Weg herumstand, bis sie ihn dann schließlich mit ihren anderen, wenigen Möbeln und Habseligkeiten gleich aus dem Haus trug, in die Zweizimmerwohnung, die weder ein Designkonzept hatte, noch elegant war, aber in die ihr alter Sessel und ihr neues Leben wunderbar passten. Und auch Jonas' Haus war ohne sie wesentlich perfekter.

Die Frage, die sie sich seitdem stellte, war nicht, warum es zu so einem plötzlichen Ende hatte kommen können, sondern vielmehr, warum sie überhaupt in diesem Leben gelandet war? Warum war sie so lange mit Jonas zusammen gewesen, der von Möbeln träumte, von Dingen, die er um sich herum baute? Und genau da war ihr Traum von der Arktis wieder aufgetaucht. Ihr Traum vom Reisen. Und die Sehnsucht nach Leere. Die Sehnsucht nach Kälte und Licht und Einsamkeit. Denn man konnte doch bestimmt nur in der Einsamkeit wirklich spüren, womit man verbunden sein wollte und womit nicht?

Die Eisschollen verbanden sich genau da, wo das Wasser am ruhigsten und am kältesten war, genau dort froren sie aneinander fest. Und durch Bewegung und Wärme brachen sie wieder auseinander. Bei ihr und Jonas war es genauso gewesen. Als sie in Bewegung gekommen war, waren sie auseinandergebrochen, als hätten sie nie zusammengehört. Was war die Bestimmung einer Eisscholle, fragte sie sich? War sie dazu bestimmt, an anderen Eisschollen anzufrieren, um eine feste, begehbare Decke zu bilden, die jeder Bewegung trotze, oder war sie dazu bestimmt zu driften, einsam im schwarzen Wasser zu treiben und sich letztendlich aufzulösen? Und würde auch sie sich auflösen, wenn sie keine solide Eisdecke mit einer anderen Scholle bilden würde?

Als ihre Kabinennachbarin Ann später zu ihr an die Reling trat, um zu fragen, warum sie eigentlich die ganze Zeit ins Wasser starrte, erzählte sie ihr nach einigem Zögern von ihren Beobachtungen. Ann schaute sie dabei stirnrunzelnd an, sagte aber nichts. Vielleicht war ihr Englisch zu schlecht, vielleicht hatte sie es nicht richtig erklären können.

Nach dem Abendessen ging Ann an die Bar, um bei dem etwas unscheinbaren Barmädchen, das immer hinter der Theke stand und geduldig alle Wünsche der Gäste erfüllte, einen Drink zu bestellen. Sie sah noch, dass John, einer der Guides, sich zu ihr stellte, und mit ihr ein Gespräch anfing, und sie sah, wie Ann daraufhin laut lachte und kokett den Kopf schief legte. Das war der Anfang. Ob es dazu kommen würde, dass die beiden überhaupt jemals über Sessel redeten, war unwahrscheinlich. Dennoch war es ein Anfang, zwei Schollen drifteten aufeinander zu. Ihr Blick traf den des Mädchens an der Bar, das alles mit stoisch wissenden Augen beobachtete. Wahrscheinlich sah das Mädchen an der Bar eine ganze Menge solcher Anfänge im Verlauf einer Reise. Sie nickte ihr zu und verließ die Bar, um sich wieder ihren Platz an der Reling zu suchen und das Eismeer zu beobachten.

Als sie mitten in der noch immer taghellen Nacht, in ihre Kabine kam, die von goldenem Sonnenlicht erfüllt war, lag Ann schon im Bett. Sie versuchte, sich möglichst leise auszuziehen, um sie nicht zu wecken. Doch als sie in ihrem Bett lag, hörte sie Ann. „Weißt du", begann die Kanadierin, die die Augen aufgeschlagen hatte, und sie, als sie sich aufsetzte, nachdenklich ansah: „Menschen verbinden sich nicht wie Eisschollen. Es ist genau andersherum. Sie verbinden sich da, wo es heiß ist. Wo es glüht. Da verschmelzen sie. Genau da."

Sie ließ sich wieder auf ihre schmales Bett sinken. „Vielleicht", erwiderte sie. Sie spürte die Kälte ihrer Füße. Sie hätte die Socken anbehalten sollen.

DIE ANDERE

Sie hatte die beste Ausrüstung von allen. Kamera, Objektive, Swarovski-Fernglas, alles vom Feinsten. Selbst die Gummistiefel, die man bei den Landgängen trug, um trockenen Fußes aus dem Boot zu kommen, sahen bei ihr besonders aus. Alle anderen Passagiere versenkten ihre Füße in diesen riesigen olivgrünen Gummihöhlen mit den beigen Sohlen, auf denen man über Geröllfelder stolperte, über weichfedernde Tundra wanderte oder beherzt ins dunkle Eiswasser sprang, um aus den Schlauchbooten an Land zu gelangen. Ihre Stiefel waren schwarz und weich und für eine perfekte Passform verstellbar, sie waren bestimmt leicht und warm und drückten kein bißchen, nirgends. Wahrscheinlich rochen ihre

Socken auch nicht nach feuchtem Gummi, wenn sie sie später wieder auszog, um sie gegen ihre regelrecht eleganten, zierlichen Sportschuhe einzutauschen. Selbst ihr graues T-Shirt sah anders aus als meines. Das feine Garn schimmerte dezent in edlem Grau. Meines war stumpf und von der verwaschenen Traurigkeit grauer T-Shirts, deren gute Zeiten ein für allemal vorbei sind und deren Umwandlung ins Putzlappenstadium naht. Am Tag, als der Eisbär kam, trugen wir beide unsere grauen T-Shirts. Es machte überhaupt keinen Unterschied, welche Art von Hemd wir trugen, das beruhigte mich irgendwie, doch dazu komme ich später.

Man hörte das Geld schon an der Art, wie sie sprach. Sie sprach stets leise, als sei sie gewohnt, dass man ihr zuhörte, und in einem perfekten, unaufdringlichen Englisch, dem man die gute Erziehung anhörte, ohne dass sie dies zur Schau stellen musste. Auf dem Schiff gab es einige Engländer, die sprachen so betont vornehm, als hielten sie dabei stets den kleinen Finger abgespreizt, es klang furchtbar anstrengend. Sie hatte das nicht nötig. Die Worte perlten aus ihrem Mund, jedes Wort ein Wohlklang, jeder Satz Teil eines kleinen Konzertes, das sie aufführte für all die, die ihr zuhörten, und es waren viele. Jeden Abend wurden es mehr. Und alle waren von ihr begeistert. Es gab nur wenige, die nicht zu ihrem Fanclub gehörten und nicht erstrahlten, wenn sie sich zu ihnen gesellte. Skeptiker waren das. Vielleicht waren manche auch neidisch. Es konnte eben nicht jeder so perlweiße, perfekte kleine Zähne haben und dazu noch so viele Gründe zu Lächeln, um sie bei jedem Lächeln zu entblößen.

Ich lächelte selten. Wenn etwas lustig war, dann lachte ich auch mal, aber das Leben, fand ich, war nicht zum Lächeln. Das Leben war bedauernswerter. Und wenn ich einmal lächelte, dann tat ich es mit geschlossenem Mund. Ich fand es irgendwie unanständig, jedem meine Zähne zu zeigen. Aufdringlich. Das fiel mir ja beim Zahnarzt schon schwer, den Mund aufzumachen, um dem Arzt einen Blick zu gestatten. Geschweige denn der Besatzung eines ganzen Schiffes inmitten der perfekten, menschenleeren, weißen Welt des Polarmeeres.

Wenn sie bei mir einen Whisky bestellte, immer die besten Single Malts, oder einen alten Cognac, lud sie mich stets ein, mit ihr zu trinken. Ob ich den und den Whisky kennen würde, fragte sie mich, ganz hervorragend wäre er, hervorragend. Ich sollte mir doch auch einen nehmen. Das würde sie freuen. Sehr freuen. Und auf sie anschreiben. Und dann sollte ich ihr bitte unbedingt sagen, ob ich diese faszinierende Honignote mochte. Ich trug den Preis für die Getränke, die sie mir spendierte, stets gewissenhaft in die Liste ein, die wir für die etwa dreißig Passagiere des Schiffes führten. Honignote! In Whisky! Sie würde für alles bezahlen müssen, aber ich trank nicht einen Schluck davon. Ich hätte Angst gehabt, dass er mir in die falsche Kehle liefe, und ich mit Tränen in den Augen hustete und prustete und sie mir freundlich und besänftigend den Rücken klopfen müsste. Außerdem blieb ich gerne nüchtern.

Wenn sie sich später erkundigte, ob mir die Honignote im Balvenie oder die Torfnote im Lagavulin besser geschmeckt hatte, fand ich diese Verbindlichkeit fast noch unerträglicher als ihr graues T-Shirt. Irgendetwas an ihr war faul. Ich kam nur nicht darauf was. Aber ich lag auf der Lauer und beobachtete sie genau, irgendwann würde sie sich verraten.

Ich hatte viele Gelegenheiten, sie genau zu beobachten. Auf einem Schiff kann man sich nicht lange aus dem Weg gehen. Und durch meinen Job an der Bar bekam ich alles mit. Ich wusste, woher jeder kam, wer mit wem was trank und wie viel, wer bezahlte und wer als letzter zu Bett ging, und meistens auch, worüber man sich unterhielt. Der Alkohol machte die Menschen laut. Laut und unvorsichtig. Anfangs waren es Fragen nach dem Job, danach, ob man schon einmal hier gewesen war, ob man öfter solche Reisen mache, ob man die Antarktis gesehen und wie viele Kontinente man überhaupt bereist habe. Aber sobald das Schiff ein paar Tage unterwegs war, veränderten sich die Gespräche. Die Arktis veränderte die Menschen. Die Leere und die Stille, das viele Licht und die Abwesenheit der Farben, die Abwesenheit von so vielem, das alles veränderte die Menschen. Am Anfang klammerten sie sich noch an alles Vertraute. Doch irgendwann gelangten sie an den Punkt, an dem sie allmählich losließen. Bei manchen ging es schnell, bei anderen dauerte es länger. Ich hatte es jetzt schon ein paar Mal beobachten können und hatte gelernt, die Zeichen zu lesen. Es war meine erste Saison auf einem Eisbrecher in der Arktis, und in dieser Saison war es die neunte Fahrt. Eigentlich hatte eine Freundin von mir diesen Job bekommen, Greta. Greta war ganz anders als ich. Sie war hübsch und blond und unternehmungslustig, und sie hatte leuchtend hellblaue Augen, hellblau wie das Gletschereis, und wahrscheinlich hatte sie diesen Job auch genau deshalb bekommen. Mich hätten sie bestimmt nicht genommen, wenn ich mich damals beworben hätte. Ich wurde nie ausgewählt, solange jemand noch eine andere Wahl hatte. Ich war höchstens der Lückenbüßer. Das war ich auch jetzt. Denn wenige Tage vor der Abreise hatte sich ein gewisser Hannes angeblich unsterblich in ihre hellblauen Gletscheraugen verliebt – das geschah ab und zu – und Greta musste unbedingt herausfinden, ob er nur ihre hellblauen Augen oder auch sie lieben und schmelzen würde, mit Haut und Haar, in guten wie in schlechten Tagen, und da hatte sie mich angerufen und gefragt, ob ich ihr einen Gefallen tun könnte. Es stimmte, dass ich nichts Besonderes vorhatte in diesem Sommer. Ich hatte selten etwas vor.

Seit der Geschichte mit dem Koch damals vor einigen Jahren, hatte ich mir ganz grundsätzlich nie mehr etwas vorgenommen. Dann konnte man auch nicht enttäuscht werden. Dieses Prinzip hatte ich beibehalten, und ich fand es sehr praktisch. Als Greta mich fragte, tat ich ihr gegenüber trotzdem erst einmal so, als müsste ich konzentriert nachdenken, ob ich wirklich meinen gesamten wunderbaren Lebensplan für diesen Sommer umwerfen sollte, nur um ihr aus der Patsche helfen zu können. Während ich so tat, als überlegte ich noch, schwieg sie geduldig. Sie wusste genau, dass eigentlich sie es war, die mir einen Gefallen tat. Nicht umgekehrt. Greta war nett. Sie lächelte viel. Kein Wunder, dass sich ein Hannes oder ein Tim oder ein Jorge schnell in sie verliebten. Kein Wunder, dass sie diejenige war, die alle Jobs bekam. Mich schleuste sie ab und zu hinterher. Ich wusste auch nicht, warum sie so nett zu mir war. Vielleicht wegen des Kochs, damals. Mir hatte eine von den Küchenhilfen mal gesagt, Greta sei Schuld an der ganzen Sache, aber ich habe es nie geglaubt. Ich wusste schon immer, was ich von Küchengeschwätz zu halten hatte. Jedenfalls war ich durch Greta an diesen Job gekommen und schipperte nun einen Sommer lang auf einem russischen Eisbrecher durch die Arktis, bediente Touristen an der Bar, führte Buch über ihre Rechnungen, wischte ihnen hinterher, räumte die Gläser in die Spülmaschine hinein und aus der Spülmaschine heraus, schenkte den russischen Matrosen Wodka ein, wenn sie mit ihren rauen Stimmen sanfte Lieder aus ihrer Heimat sangen, während die Touristen schliefen, und war erleichtert, dass der Koch auf diesem Schiff etwas mit einem philippinischen Zimmermädchen hatte und mich überhaupt nicht wahrnahm.

Wann immer ein Eisbär in Sicht kam, wurde es hektisch auf dem Schiff. Eisbär, ein Eisbär! und alles rannte an die Fenster oder gleich auf Deck. Jacken raschelten, Kameras wurden gezückt, jeder wollte das beste Bild erjagen, und dabei sah ihn keiner wie er wirklich war. Ich fand es immer ein bisschen traurig, dass eines der gefährlichsten Raubtiere der Welt auf Touristenfotos gebannt werden sollte. Traurig für den Bären. Ich fand es nicht angemessen. Ich mochte die Eisbären. Ich weiß gar nicht genau warum. Sie waren Einzelgänger und brauchten niemanden. Nur ab und zu eine Robbe zum Sattessen. Sie waren so ehrlich und ohne Hinterlist. Sie schafften es, hier in dieser Packeiswüste zu überleben, sich geduldig von Scholle zu Scholle weiterzubewegen und voller Ruhe abzuwarten, bis eine Robbe auftauchte. Ein Eisbär machte nicht alles verrückt, wenn er Beute witterte. Er blieb die Ruhe selbst. Bis er dann wahnsinnig schnell und stark zuschlug. Ich habe einen Eisbären aus dem Wasser auf eine Robbe springen sehen. Er sprang bestimmt zwei Meter hoch. Aus dem Wasser.

Einfach so. Und er erlegte die Robbe mit einem einzigen Tatzenschlag. Die erste tote Robbe, die ich gesehen habe, tat mir noch leid, aber so war das hier. Man musste überleben. Ein Eisbär tötete immerhin niemanden zum Spaß. Oder aus Unachtsamkeit.

Als der Eisbärruf durch das Schiff hallte, räumte ich gerade Gläser in die Regale, die mit Gummimatten ausgelegt waren, damit die Gläser bei Seegang nicht verrutschten. Wie immer wurden alle hektisch und fahrig, suchten Ferngläser und Kameras zusammen und verschwanden auf Deck. Plötzlich war es ganz ruhig in der Bar. Ich räumte weiter die Gläser aus, und hoffte, dass ich ihn später durchs Fenster würde sehen können. Ich war am liebsten alleine, wenn es einen Eisbär zu beobachten gab. Dann gab es das Packeis und ihn und mich, und ich sah ihn und er sah mich nicht, und das war am schönsten. Doch dann kam ausgerechnet sie noch einmal herein in die leere Bar und rief mir zu, ich solle unbedingt kommen, der Bär sei so nahe am Schiff wie noch nie, alle wären da, alle. Sie klang aufgeregt und ich spürte etwas in mir kribbeln. Richtig nahe kamen die Bären selten. Das Geräusch des Schiffsmotors beunruhigte sie meist, was ich verstehen konnte. Mich beunruhigte das Geräusch auch manchmal, besonders Nachts, wenn ich versuchte, trotz der hellen Mitternachtssonne und der wehmütigen Lieder der Matrosen in meiner Koje zu schlafen. Und jetzt war der Bär ganz nah. Sie sah mich so erwartungsvoll an, dass ich ihr mit einem schnellen Griff zu meinem Anorak nachlief. Der Kapitän hatte das Schiff gestoppt und alle standen auf Deck, alle, und schienen gemeinsam den Atem anzuhalten. Die Gäste, die Matrosen, alle aus der Küche, der Kapitän und der erste Offizier und die ganze Mannschaft von der Brücke, sie standen still und stumm und beobachteten schweigend, wie der Bär langsam immer näher kam. Er war noch nicht ganz ausgewachsen. Er war schlank und hungrig, und er reckte die Nase in die Luft und nahm neugierig unsere Witterung auf. Er ließ sich viel Zeit. Aber Schritt für Schritt kam er näher. Immer näher. Als er eine Tatze an den Schiffsrumpf legte, wie um zu probieren, ob er da hochklettern könne, hörte man alle gleichzeitig Luftholen. Als er heraufsah, und ruhig von einem zum anderen blickte, schienen alle gemeinsam den Atem anzuhalten. Er war höchstens vier Meter unter uns, er war so nah, man konnte die Wuchsrichtung seiner Haare sehen und wie sie hinter den Ohren kleine Wirbel bildeten. Ich hätte ihn gerne genau dort angefasst. Genau an den kleinen Wirbeln hinter den Ohren. Und dann sah er mir in die Augen. Es war das erste Mal, dass ein Eisbär mir in die Augen sah. Ich verliebte mich sofort. Zumindest glaube ich, dass es das war: Verlieben. Und ich erkannte im gleichen Moment, dass ich vorher noch nie verliebt gewesen war. Auch nicht in den Koch. Obwohl ich das damals nicht so gesehen hätte. Aber das hier war neu. Es war etwas ganz anderes. Dieser Blick war voller Hunger und Begehren, weich wie die Lieder der russischen Matrosen, und ich wollte ihm gehören. Er schien mich zu suchen. Schien mich zu meinen. Mich. Er meinte mich. Der Eisbär hatte mich gesehen und er hatte mich ausgesucht. Er blickte ernst suchend umher, er wollte zu mir, ja, er wollte zu mir, er ging am Schiff entlang und suchte einen Weg heraufzukommen. Er blieb sehr ruhig, und ich blieb es auch. Die Kameras folgten ihm, klick klick, und noch mal klick, und er ignorierte sie alle. Er sah an allen Linsen vorbei, die ihn bannten, Licht auf Licht, sah direkt in meine Augen und hob suchend die Nase. Mich suchend. Mich.

Dann ging alles sehr schnell. Ich hatte einen kurzen Moment überlegt, ob er wohl die schmale Gangway wahrnehmen würde, die außen am Schiffsrumpf hing, etwa einen Meter über dem Packeis, ob er das Prinzip der Treppe wohl verstehen könnte, und dass diese Treppe ihn hinauf bringen könnte, zu mir, seiner Auserwählten. Als er mit drei geschmeidigen, fast lautlosen Sätzen plötzlich auf dem Deck stand, vielleicht nur drei Meter von mir entfernt, ging ein Schrei übers Schiff, der ihn erschreckt innehalten ließ. Doch kaum war der verklungen, reckte er seine Nase wieder in die Luft, er schnupperte und duckte sich, schien zum Sprung ansetzen zu wollen. Mein Herz klopfte bis zum Hals, ich konnte mich nicht rühren. Ich wollte auserwählt sein, seine Beute sein, wollte Raubtierbeute sein, und ich wollte nicht auserwählt sein. Ich wollte leben. Ich wollte in seine Augen schauen, immer. Plötzlich stand sie direkt vor dem Bären. Ganz nah. Auf Augenhöhe starrte sie ihn an, und alle rannten so weit es ging von dem Bären und ihr weg. Auch ich. Obwohl ich es nicht wollte. Das war nicht ihr Platz. Das war meiner.

Sie stand alleine vor dem Bären und sah ihn an. Sie ließ die Arme sinken und ihre teure Ausrüstung knallte zu Boden. Der Bär stand still, hob die Nase und schnupperte. Er kam noch näher auf sie zu und schnupperte so stark, dass man es hören konnte. Hinter mir schluchzte jemand, in mir brannten Eifersucht und Angst, ich glaube, einer der Russen betete. Gleich würde er zuschlagen. Ich dachte an die Robbe, die ein Eisbär mit einem Tatzenhieb getötet hatte, an die blutigen, abgefressenen Knochen, die wir gesehen hatten, an den hungrigen, weichen Blick, der mich erkannt hatte, und es dauerte alles nicht viel länger als Bruchteile von Sekunden, und doch schien es, als wären wir alle minutenlang gelähmt gewesen, unfähig irgendetwas zu tun. Wir konnten noch nicht einmal schreien. Der Eisbär streckte seine Schnauze in ihr Gesicht, fast so als wollte er sie küssen, bevor er sie auffraß. Dann wandte er sich ab, und sprang mit einem fast gemächlichen Satz zurück in die Tiefe. Wir sahen ihn langsam über die Schollen von Packeis in der Ferne verschwinden. Ein gelbweißer Punkt im scheinbar unendlichen, kalten Weiß. Er hatte sie nicht erwählt.

Sie war kurz darauf in Tränen ausgebrochen. Alle sagten, es seien die Nerven, und alle feierten sie als Retterin des gesamten Schiffes, alle weinten und schluchzten und bedankten sich und wollten, dass ich teuren Whisky für sie einschenke. Ich wusste, warum sie weinte. Und dass es nicht die Nerven waren. Ich kannte das Gefühl. Zum ersten Mal tat sie mir beinahe ein bisschen leid. Der Eisbär hatte sie verschmäht. Alle hatten sie umschwärmt wie die Motten das Licht. Doch der Eisbär hatte sie verschmäht. Der Bär und ich, wir beide hatten das gleiche Gefühl gehabt. Irgendetwas an ihr war faul.

In der Nacht konnte ich nicht schlafen und ging an die Bar, um mir einen der Whiskys einzugießen, den sie mir schon spendiert und den ich nie getrunken hatte. Ich hatte das Gefühl, als würde ich ihr etwas Gutes tun, wenn ich jetzt einen ihrer verschmähten Drinks annehmen würde. Was natürlich Blödsinn war. Sie wusste ja noch nicht einmal davon, dass ich ihre Drinks nie angenommen hatte. Als ich hinter die Theke trat, saß sie schon da und hatte sich einen Schluck eingeschenkt. Ich sah, dass sie ihren Namen in die dafür vorgesehene Liste eingetragen hatte, ganz sorgfältig und genau. Selbst nach einem Tag wie diesem würde sie nie nachlässig werden.

Eine ganze Weile saßen wir uns stumm gegenüber. Wir trugen beide noch unsere grauen T-Shirts. Ich wusste genau, wie sie sich fühlte. Ich überlegte, was ich ihr sagen könnte, aber mir fiel nichts ein. Einmal hatte jemand etwas Nettes zu mir gesagt. Nach der Sache mit dem Koch damals hatte eins der Küchenmädchen gemeint, ich würde ihn bald vergessen und dann käme ein neuer und dann wäre bestimmt alles viel besser. Das war nett gemeint gewesen, auch wenn es nicht gestimmt hatte. Aber sie würde ihn niemals vergessen. Und es würde gewiss kein neuer Eisbär kommen. Das Netteste, was ich tun konnte, war, ihren Whisky zu trinken und zu schweigen. Sie schwieg ebenfalls.

Nach dem zweiten Glas schaute sie aus dem Fenster, wo die Sonne den Nebel über dem Wasser in Gold tauchte. Sie sah mich mit gerunzelter Stirn an.

„Ich bin hierher gefahren, weil ich ans Ende der Welt wollte. Heute Mittag war ich da. Und ich habe mich lebendig gefühlt."

„Er wollte dich nicht," sagte ich, mit einer Mischung aus Genugtuung und Mitleid und stürzte den Whisky mit einem Schluck hinunter. Heiß und brennend floss er meine Kehle hinab. Ich spürte den Weg, den er nahm, am Kehlkopf vorbei und die Speiseröhre hinunter und fühlte, wie er in der Mitte meines Bauches einen glühenden Ball formte.

„Nein", sagte sie, und senkte den Blick. „Er wollte mich nicht."

SCHNICKSAL

Er war jeden Abend der letzte in der Bar. Er saß auch noch da, nachdem das Barmädchen schon alles abgewischt und weggeräumt, und ihm mit ihrem winzigen, spröden Lächeln Gute Nacht gewünscht hatte. Einem Lächeln, das so gar nicht dem üblichen, unverbindlichen und leutseligen Lächeln von Barmädchen gleichkam, sondern lediglich aus einem kaum wahrnehmbaren Verziehen eines Mundwinkels und einem leichten Hochziehen der Augenbrauen bestand. Er fragte sich, wie sie wohl auf dieses Schiff gekommen war. Ein bisschen mehr könnte sie schon lächeln. Es würde das Bestellen erleichtern, es wäre nicht so eine verdammt ernste Angelegenheit. Vielleicht war es aber auch einfach eine verdammt ernste Angelegenheit, harte Getränke zu bestellen, und dann auch noch mehrere, und sie im Laufe eines Abends zu trinken, sich ein bisschen Vergessen zu erkaufen, ein bisschen Stabilität für die kommende sonnendurchflutete Nacht und den Kurs, den das Schiff nahm und den Lauf der Welt im Allgemeinen und für ihn selbst im Besonderen, und vor allem etwas Schlaf, tiefen, besinnungslosen Schlaf. Schlaf, in den kein Geräusch mehr drang, weder von draußen noch von der Kabine nebenan. Darum ging es.

Das Barmädchen hatte schon dicht gemacht und ihm mit ihrem Nicken die Flasche Whisky auf den Tresen gestellt, daneben lag die Liste, in die er seine Drinks eintragen würde. Er machte immer ein, zwei Striche mehr als er musste, für den Fall, dass er mal einen vergessen sollte. Er wollte keineswegs zu wenig bezahlen und als Schnorrer gelten.

Die Nachtwache hatte auf der Brücke Stellung bezogen, die Besatzung und die Passagiere schliefen wahrscheinlich alle in ihren Kabinen, als wäre es dunkle Nacht, während die Sonne am Himmel einfach weiter kreiste. Das tat sie unermüdlich. Kreiste weiter, kreiste immer weiter. Als ob jemand ihren normalen Lauf abgeschaltet hätte, kreiste sie da oben im engen Oval, tat um zwei Uhr Nachts so, als würde sie das Meer berühren wollen, wodurch sich tatsächlich für wenige Minuten so etwas wie Abendstimmung ausbreitete, bevor sie sich wieder hoch schwang, um ihren kleinen

Kreis in goldener Morgenstimmung fortzusetzen. Es war schwierig, Nacht für Nacht die genaue Balance zu finden. Genug Alkohol, um sich nicht zu fragen, was er um Gottes Willen hier mache, um drei Uhr morgens auf einem Schiff am Ende der Welt, das sich in strahlender Helligkeit zwischen Eisschollen um eine so gut wie unbewohnte Inselgruppe bewegte, deren klimatische Verhältnisse so lebensfeindlich waren, dass man nur mit Spezialausrüstung und Ausnahmeverhalten überleben konnte. Und wer wollte hier überhaupt überleben? Und warum? Goldenes Licht mitten in der Nacht. Über eisiger Leere. Genug Alkohol also, um dem ganzen irgendeinen Sinn abzuringen. Schöpfung. Schönheit. Aber nicht zuviel, damit er den nächsten Tag überstehen konnte. Denn die Nacht war das eine. Der nächste Tag war das andere. Vielleicht war es gut, dass das Barmädchen so war, wie sie war. Alles andere wäre geheuchelt gewesen. Es war wirklich eine verdammt ernste Angelegenheit hier.

Er erinnerte sich noch immer genau an diesen ersten Moment, in dem vor vielen Jahren alles begonnen hatte. Wieviele Jahre war das eigentlich her? Zu viele und doch nicht genug. Auf alle Fälle mehr als zehn. Er würde die Geschichte gerne jemandem erzählen, dachte er. Dem Barmädchen zum Beispiel. Vielleicht würde sie ihm zuhören. Es wäre trotzdem eine verschwiegene Angelegenheit. Er goss sich noch einen doppelten Whisky ein, machte seine zwei Striche in der Liste und brachte das Glas sicher an seinen Platz am Fenster zurück, wo die karamellfarbene Flüssigkeit mit dem Schwanken des Schiffes langsam im Glas hin und herschwappte und schaute hinaus in die sonnige Nacht, auf die driftenden Eisschollen, auf denen keine Pinguine standen. Er mochte Pinguine.

Vielleicht war es auch schon 16 Jahre her. Er hatte zuviel Whisky getrunken, um das mit den Jahren auf die Reihe zu bekommen. Egal. Er hatte seinen Bruder Tom anrufen wollen, damals, vor wieviel Jahren auch immer. Etwas, was er schon seit einigen Monaten nicht mehr getan hatte, was wiederum normal war, denn sie hatten nicht diese Art der Mitteilsamkeit untereinander, sie erzählten sich Neuigkeiten, wenn sie sich sahen, oder wenn es etwas wegen der Eltern zu besprechen gab, aber beides kam nicht allzu oft vor. Ihre Berufe hatten sie in unterschiedliche Teile des Landes verschlagen, wo sie beide ihr Leben lebten, in dem sie der Familie zwar irgendwie verbunden blieben, aber dies nicht in übermäßigem Engagement zeigten. Es war ein früher Sonntagnachmittag, Eve war mit einer Freundin spazieren gegangen, nachdem sie einen glücklichen, faulen Vormittag zu zweit im Bett verbracht hatten, und in diesem kurzen Vakuum, das entstanden war, nachdem Eve die Wohnung verlassen hatte und bevor er sich die Tasche mit den Bauplänen zur Hand nahm, die er morgen zu besprechen hätte, dachte er, das sei nun sein Leben, genau das, und er müsse das Tom jetzt unbedingt erzählen. Und gerade als er seinen Bruder anrufen wollte, genau in dem Moment, da hatte Tom ihn angerufen und angekündigt, es gäbe etwas zu erzählen. Etwas Großartiges. Besonderes. Was?! Bei Dir auch? Bei mir auch! Sag bloß! Erzähl! Okay, erst Du. Nein Du. Ah komm schon. Nein Du zuerst. Und dann war es das Gleiche gewesen. Sie hatten sich beide verliebt. So richtig verliebt, für immer, und dass es das jetzt einfach sei, das wisse man eben, oder? Und beide wollten heiraten. Und am liebsten sofort. Sie freuten sich so über das Gefühl dieser Gemeinsamkeit, über das Gefühl, das Gleiche so gut wie gleichzeitig erlebt zu haben, dass sie sich plötzlich wieder so brüderlich nah fühlten wie früher, als sie ihre Geheimnisse vor den Eltern gehabt hatten, als sie die Länge ihre Mittelfinger, ihrer Füße und ihrer kleinen Schwänze verglichen, die sie schrecklich in die Länge zogen, nur um behaupten zu können, den Größeren zu haben. Es war so verdammt wichtig gewesen, den Größeren zu haben. Und jetzt, in dieser plötzlich aufwallenden Erinnerung an Vertrautheit und Dehnungsschmerz, hatte Tom offenbar das Gefühl, ihm noch etwas anvertrauen zu müssen, sein Bruder musste eine solche Sehnsucht nach ihrer früheren Verbundenheit gespürt haben, dass er in den Hörer raunte, das, was er mit Linn habe, das habe er bisher mit keiner Frau erlebt, er habe den besten Sex seines Lebens. „Und ich meine, den allerbesten“, sagte er. Und allein deshalb würde er sie nun heiraten müssen. Besitzen müssen. Für immer. Die bloße Vorstellung, dass ein anderer das mit ihr erleben könnte, würde ihn wahnsinnig machen.

Es war ihm peinlich gewesen in diesem Moment, ein zu intimes Stückchen Information. Vor allem gab es nichts darauf zu erwidern. Es gab nichts dergleichen, was er hätte beisteuern können. Eve und er waren ganz anders zusammen. Eve spielte nicht. Eve war einfach, was sie war, und sie nahm ihn genau so wie er war. Sie waren Partner, Freunde, Kumpel. Genau deshalb liebte er sie und genau deshalb wollte er sie heiraten. Nach dieser etwas extravaganten Geschichte, die ihm Tom erzählt hatte, war er noch sicherer, mit Eve auf alle Fälle die richtige Frau zu heiraten. Aber er wollte seinem Bruder nicht die Laune verderben, wollte nicht klingen wie ein Bedenkenträger, der hinterfragte, ob denn das für eine Ehe reiche. Wie ein Moralapostel hätte er sich angehört und Tom hätte gesagt, hei, du bist ja neidisch, und hätte laut über ihn gelacht und obwohl das zu dem uralten Brudergefühl genauso gehörte wie die Vertrautheit davor, und er es nur zu gut kannte, wollte er es in diesem Moment nicht spüren, und als Tom rief, Hei, lass es uns zusammen tun, lass uns zusammen heiraten! sagte er, warum nicht?!

Er sah das reglose Gesicht des Barmädchens vor sich, während er sich noch ein Glas Whisky einschenkte. Sie würde einfach zuhören. Sie würde nicht urteilen.

Vielleicht würde sich ihr linker Mundwinkel zu einem kleinen Kommentar verziehen, aber es wäre nur ein sehr kleiner Kommentar, eine Art Nicken. Eine Bestätigung, dass sie zuhörte. Es tat gut, jemanden zu haben, der zuhörte. Er nickte ihr zu, während er spürte, wie der Whisky heiß seine Kehle hinunterfloss.

Seitdem hatten sie oft telefoniert und waren sich plötzlich wieder näher, als sie es die ganzen letzten Jahre gewesen waren. Sie mailten Menüvorschläge hin und her, in die sie kleine Insiderwitze einbauten, wie Leberpastete für Tom, der den Geschmack von Leber von Kind auf hasste, oder Zunge, und sie kicherten am Telefon, bis sie prusten mussten, weil sie sich daran erinnerten, wie ekelhaft und irgendwie obszön die Zungen beim Metzger in der Vitrine gelegen hatten. Sie schickten sich gegenseitig mögliche Einladungslisten, oh nein, Onkel George, musste das sein? Und Tante Hattie, lebte die denn überhaupt noch, sie würden Mutter fragen müssen. Sie waren so sehr Brüder, dass ihre zukünftigen Frauen begannen, sich auf die Familie zu freuen, die sie erwartete, auf den Schwager, auf die Doppelhochzeit, sich darauf freuten, Teil eines größeren Ganzen zu werden.

„Dein Bruder tut dir richtig gut“, bemerkte Eve abends lächelnd, als er nach einem Telefonat voller Erinnerungen und Lachattacken aufgelegt hatte, und er spürte, dass sie recht hatte.

„Ja", sagte er zu ihr. „Ich glaube, ich merke erst jetzt, wie er mir gefehlt hat."

Sie verabredeten sich mehrere Male, damit sich alle kennenlernten, um die Details zu besprechen, um zusammen die Eltern zu besuchen, aber es war wie verflixt, es klappte nie. Einmal kam ein Geschäftstermin von Tom dazwischen, einmal hatte er eine Präsentation, die er nicht verschieben konnte. Einmal ging es Eve so schlecht, sie hatte sich etwas eingefangen und bat, das Treffen zu verschieben, sie wolle ihrem zukünftigen Schwager nicht als erstes auf die Hose kotzen, und natürlich hatten sie es verschoben. Bis es endlich soweit gewesen war. Einige Tage vor der Hochzeit fuhren sie zu den Eltern, die schon völlig aufgeregt waren mit allen Vorbereitungen und dort im vertrauten Wohnzimmer mit der hellen Couchgarnitur und Vaters Nussbaumsekretär, saß er mit Eve und er spürte, dass seine Eltern sie mochten, dass Eve seine Eltern mochte, dass sie in die Familie passte, und er war stolz darauf, die richtige Frau gefunden zu haben. Er hatte, als er da saß, das Gefühl, einen weiteren Teil seiner Aufgabe als Sohn gelöst zu haben. In diesem Wohnzimmer hatte er gesessen, nach seiner Konfirmation, seinem Collegeabschluss, seiner Anstellung in einem guten Architekturbüro, und als wäre es nun das zwangsläufig nächste, mit der künftigen Ehefrau hier zu sitzen und mitzubekommen, wie sie seiner Mutter von der Anprobe des Brautkleides erzählte, wie sie und ihre Freundin, die sie zum Aussuchen mitgenommen hatte, den Laden verlassen hatten, weil die Verkäuferin darauf bestehen wollte, ihre Brüste optisch zu vergrößern, mit Pads, und sie in Kleider zwingen wollte, die sie selbst in ihren schlimmsten Alpträumen nicht tragen würde.

„Mein Mann soll mich ja schließlich wieder erkennen, und nicht *Ja* zu einer aufgerüschten Barbie sagen, die plötzlich neben ihm auftaucht!"

Sie lachten alle, und er spürte, wie sein Vater ihm zunickte. Gut gewählt mein Junge, und genau das fand er auch. Er war verliebt in ihre Art, so locker und natürlich mit seinen Eltern umzugehen, sie war eben einfach sie selbst, sie trug die richtige Kleidung, sie sagte die richtigen Sachen, sie passte in dieses Wohnzimmer, so wie er in dieses Wohnzimmer passte und es gleichzeitig bereits verlassen und überwunden hatte, wie er fand, und selbst seiner Mutter, der man es ja nie recht machen konnte, sah man an, dass sie noch keinen Grund gefunden hatte, Eve nicht zu mögen, und gerade als sein Stolz darüber, alles richtig gemacht zu haben, begann, sich wie Champagnersprudeln in ihm auszubreiten, öffnete sich die Tür und Tom rief Hallo! In der Tür stand der strahlende Tom, Tom mit seiner Linn, einer blassen, kleinen Frau, die eine Spur zu mädchenhaft angezogen war und ein bisschen farblos und unsicher in die Runde schaute. Er ertappte sich noch bei dem Gedanken, dass dieses unscheinbare Wesen die Granate im Bett sein sollte, konnte es sich nicht vorstellen, und dann sah er Linn an, sah ihre Augen und dachte nur, oh nein. Nein. Das ganze aufgekratzte Gefühl seines Triumphes, das ihn eben noch so glücklich bewohnt hatte, sank ihm mit einem einzigen, kräftigen Abwärtsruck in den Magen, wo ihm so flau wurde, dass er meinte sich gleich übergeben zu müssen. Die Welt drehte sich plötzlich verblüffend schnell und er schwankte in dem Schwindel, der ihn mitriss, so dass er sich festhalten musste, zum Glück bemerkte es niemand, weil alle zu den Ankömmlingen schauten, nur Linn bemerkte es, sie merkte es und schlug die Augen nieder. Doch dann schlug sie ihre Augen wieder auf und sah ihn an, und in dem Moment, in dem sein Blick zum zweiten Mal in Linns dunkelgraue Augen traf, die Augen der scheinbar farblosen, kleinen Linn, entdeckte er etwas Dunkles. Etwas wie ein wildes Tier, ein ungezähmtes Tier lauerte dort, das vielleicht auch ein böses Tier war, vor dem Linn selbst sich fürchtete, das sah er, und wusste zugleich, dass nur er, nur er allein es entdecken könnte und entdecken müsste, weil es sonst auf ewig dort verborgen läge, weil niemand sonst, auch Tom nicht, vor allem Tom nicht, daran rühren könnte. In diesem Moment stand die Welt still, die ganze Welt, die sich eben gerade noch so rasant gedreht hatte und ihn damit aus der Bahn geworfen hatte, sie stand still. Die Sekunde, für die sein Blick in Linns Blick versank, dauerte eine Ewigkeit und er spürte den Sog des Schicksals, und so wie sie seinen Blick erwiderte, wusste er, dass auch sie es wusste, dass sie den gleichen Sog spürte und sich nach der Erlösung von sich selbst sehnte, und die wunderbare Eve an seiner Seite, wurde in dieser einen Sekunde die Falsche. Was für ein Fehler, dachte er. Was für ein katastrophaler Fehler. Ich heirate die Falsche. Die Richtige steht vor mir. Die Richtige ist Linn und heiratet meinen Bruder. Die Richtige, die für mich bestimmte, vom Schicksal für mich vorgesehene Frau heiratet den falschen, nicht mich. Oh Gott, dachte er. Oh. Mein. Gott. Denn diese Situation verlangte danach, dass Gott oder andere überirdische Schicksalsmächte angefleht werden mussten. Das Drama, das nun seinen Lauf nehmen würde, war dem menschlichen Einfluss enthoben. Ohne auch nur ein einziges Wort mit Linn besprochen zu haben, wusste er, dass sie beide schweigen würden. Für immer schweigen würden und dass es ihre Bestimmung sein würde, sich für immer unerfüllt zu lieben.

Es gelang ihnen, alles zu verbergen. Sie gingen sich aus dem Weg so gut es ging, als hätten sie es abgesprochen und nur manchmal, wenn sie zufällig alleine in einem Zimmer waren, was sie gewöhnlich zu vermeiden suchten, trafen sich ihre Blicke und versanken für die Ewigkeit eines Sekundenbruchteils ineinander, bis einer von ihnen sich losriss und den Raum verließ.

Das Barmädchen hörte stumm zu. Er kniff die Augen zusammen, um herauszufinden, ob er sie halluzinierte, oder ob sie wirklich da war. Ihr Gesicht war reglos und konzentriert. Er sah weg und sah wieder hin, sie stand noch da. Egal, dachte er, nahm einen großen Schluck von seinem Whisky. Die Geschichte musste jetzt erzählt werden.

Eve dachte, er möge Linn nicht besonders und er widersprach nicht. Vielleicht, dachte er damals, lüge ich noch nicht einmal, vielleicht mag ich sie tatsächlich nicht. Man muss den Menschen, den man vom Schicksal zu lieben gezwungen ist, nicht unbedingt auch noch mögen. Die Fähigkeit, sein Geheimnis erkennen zu können, ist so viel mehr als das. So viel mehr. Und die arme Eve ahnte nichts davon. Die arme Eve. Das dachte er jetzt immer öfter. Arme Eve, armer Tom. Armer Kerl, der er nun war. Er dachte nie, arme Linn. Linn war nicht arm. Linn war das Schicksal. Wie unfair das Ganze doch war. Was für ein unfaires Spiel die Götter mit ihm spielten. Ihm erst eine perfekte Frau vorzusetzen, die in sein Leben passte, die toll aussah und klug war und humorvoll und gütig, mit der er eine Familie gründen wollte, die ihn verstand und beglückte, die seinem ganzen bisherigen Streben einen Sinn gegeben hatte, weil alles passte, weil sie sein bisheriges Leben wie Bausteine zusammenfügte zu einem wunderbaren Gebäude, und ihm dann dieses blasse, unsichere Geschöpf vorzuführen, das alles zum Einsturz bringen konnte. Alles.

Er schaffte es, die Hochzeitsfeierlichkeiten zu bewältigen. Es verlangte ihm ein enormes Mass an Beherrschung ab und Eve spürte, dass ihn etwas bewegte, hatte aber Verständnis. Schließlich lauerten die Kindheit und die Erwartungen der Eltern und der Bruder mit seiner seltsamen kleinen Frau hinter jeder mit prächtigen Sträußen gefüllten Blumenvase. Zuhause erholen wir uns erstmal, raunte sie ihm dann zu und strich ihm durch die Haare, mit dieser Geste, die er so gemocht hatte, weil sie ihm gut tat, die ihm plötzlich jedoch nicht mehr reichte, weil seine Sehnsucht nach der Zerstörung von all dem so unermesslich viel größer war.

Die schwierigste Situation war der Tanz, den die Brüder im Laufe des Abends mit der Frau des anderen tanzten. Nach ein paar Takten, in denen sie versuchten, angemessenen Abstand zu wahren, zog, ja zerrte er sie mit Gewalt an sich heran und Linn presste sich so fest an ihn, dass sie sich wie miteinander verschmolzen durch den Saal drehten, zum Glück ließ der Walzer es zu, dass er sie fast erstickte, als er sie an sich zog und für die Umstehenden sah es aus, als ob Linn schwebte, und als der Tanz zu Ende war, kostete es ihn eine enorme Kraft, sich zu lösen. Ihren Körper loszulassen. Sie gehen zu lassen. Leer fühlte er sich danach. Komplett leer. Und er wusste, dass sich sein ganzes Leben von jetzt an so anfühlen würde.

Das Barmädchen nickte unmerklich. Er sah plötzlich, dass sie ihn gut verstand. Es gab nicht viele Menschen, die das verstehen würden.

Er nahm sich noch einen Whisky und schenkte auch ihr ein Glas voll ein. Sie schauten in das goldene Licht und den goldenen Whisky in ihren Gläsern, und nachdem sie eine Weile stumm in die kalte Schönheit des Eismeeres geschaut hatten, in dem Eisschollen immer wieder aneinanderstießen und zerbarsten, fragte das Barmädchen, und dann?

Und dann. Dann lebten sie alle ihr Leben weiter. Eve wurde schwanger. Linn wurde schwanger. Sie lebten in verschiedenen Städten und sahen sich selten, vielleicht mal zu Weihnachten oder zu einer der Kindstaufen, alles war gut, nur er kam sich immer so vor, als lebte er sein Leben in einem falschen Haus. In einem dieser Musterhäuser, die er und seine Firma für junge, aufstrebende Familien entworfen und damit eine Goldgrube geschaffen hatten. Fertighäuser im individuell wandelbaren Baukastensystem, je nach Kinderzahl oder Home Office Bedarf, den Wünschen nach mehr Repräsentativität oder Indoorpools entsprechend, oder auch in bescheideneren Versionen für bescheidenere Leben. Nur wann, fragte er sich, wann würde er endlich in sein wirkliches Haus gehen können, wo sein wirkliches Ich und sein wirkliches Leben auf ihn warteten?

Es hörte nicht auf. Im Gegenteil. Ein paar Jahre später wurde Tom versetzt, und seine Familie suchte ganz in der Nähe eine neue Bleibe. Während Tom noch für eine Weile in Atlanta arbeitete, kam Linn nun sehr oft zu ihnen, um Häuser anzuschauen, um die Gegend zu erkunden, Schulen zu besichtigen für die Kinder, den Umzug vorzubereiten. Eve hatte ihn verständnislos angesehen, als er sagte, Linn könne nicht ständig bei ihnen wohnen. Natürlich wohnt sie bei uns! Wir haben doch Platz!

Es war Jahre her, und es war immer noch so wie damals, in diesem ersten Moment, als sie das Wohnzimmer seiner Eltern betreten hatte. Um sie nicht an sich zu reißen und ihrer aller Leben zu zerstören, begann er immer öfter Überstunden zu machen, immer mehr zu trinken, so viel zu trinken, dass er am Ende des Tages nicht mehr in der Lage sein würde, sie an sich reißen, selbst wenn sich eine Gelegenheit böte.

Tom und Linn und ihre tiefen grauen Augen zogen letztendlich ins gleiche Viertel und lebten keine zwanzig Minuten von ihnen entfernt und er verbarrikadierte sich in einem Käfig, den er nicht mehr verlassen konnte, damit er nicht alles zerstören würde.

Eve verließ ihn irgendwann, sie war es leid, mit einem Mann zusammenzuleben, der ständig trinken musste, um durch den Tag und den Abend und die darauffolgende Nacht zu kommen, sie verstand ihn nicht mehr. All ihre geduldigen Hilfsangebote, ihre nur zu oft ausgestreckten Hände hatte er abgewiesen und sich verkapselt. Sie setzte ihm erst ein Ultimatum und ihn dann vor die Tür. Tom bot ihm sofort seine Hilfe an. Komm zu uns. Zieh zu uns, wir sind für dich da. Wir haben ein Zimmer frei, komm erstmal zu dir. Wir sind doch Familie. Er hatte keine andere Wahl, als er mit seinen zwei, drei Taschen im Kofferraum seines Autos auf der Straße stand und nahm das Angebot an. In der Nacht hörte er seinen Bruder stöhnen. Laut stöhnen. Und lange. Irritierend lange. Selbst das Kissen auf seinen Ohren und die Decke über dem Kopf konnten die Geräusche nicht dämpfen. Morgens schaute Linn ihn mit ihren tiefen grauen Augen an, und fragte ihn mit ihrem reglosen Gesicht, ob er gut geschlafen hätte. Er sagte, ja. Sehr gut. Sie nickte, wusste, dass er log, und ging sehr dicht an ihm vorbei. Zu dicht für eine Schwägerin, er spürte ihren ganzen Körper, als sie sich an ihm vorbeidrückte, als befänden sie sich in einem überfüllten Bus. In der vierten Nacht verließ er um halb vier in der Früh das Haus und ging in ein Motel, weil er es nicht mehr ertragen konnte. Als er am nächsten Tag seine Sachen holen wollte, war Tom nicht da, aber Linn stand in der Tür und schaute ihn sehr ernst an.

„Hör auf wegzulaufen. Du säufst dich zugrunde. Nimm dir, was dir schon immer gehört."

Er stürzte sich auf sie, im Flur noch, und es war ein Sturz in einen dunklen Abgrund, er folgte einem rasenden Sog in eine unbekannte Tiefe, es war überhaupt nicht körperlich, es war vielmehr so, als ob sein gesamter Körper sich auflöste, als er das Ungeheuer traf, das in ihm gelauert hatte. Gleichzeitig war es das körperlichste, das er je erlebt hatte. Er hatte Schreie gehört, wie er sie noch nie vorher gehört hatte, und wusste nicht, woher sie gekommen waren.

Danach ging er. Er setzte sich ins Auto und fuhr davon. Seine Sachen blieben im Gästezimmer liegen. Er holte sie nicht ab, er betrat das Haus nie wieder.

Er hatte eigentlich in die Antarktis reisen wollen. Er hatte Pinguine sehen wollen. Weil sie ihren Partnern treu blieben, sich ein Leben lang aufeinander verlassen konnten. Er wollte sich vergewissern, dass es etwas gab, was ihm Halt geben konnte, bevor er sich komplett verlor, er wollte wieder der Mensch werden, der er einmal gewesen war, wollte den Pinguin in sich suchen. An den Pinguinen hing seine ganze Hoffnung. Aber er hatte zu viel getrunken, als er die Reise gebucht hatte und war in der Arktis gelandet, wo Eisbären Robben zerlegten und bis auf die Knochen abnagten, und danach mit blutigen Schnauzen durchs Meer schwammen.

Er schaute das Barmädchen an, und ihre Blicke berührten sich für einen kurzen, innigen Moment. Dann wandte sie den Blick ab, sah gelassen von ihm weg, aus dem Fenster hinaus in die seltsam sonnige Nacht.

Schicksal, dachte er. Schicksal, Schnicksal.

ARTIC DREAM

Sie hatten die Reise zusammen geplant. Mit dir geh' ich bis ans Ende der Welt, hatte sie gesagt, das schien noch gar nicht lange her zu sein, und doch war es so lange her wie ein anderes Leben. Und in diesem anderen Leben hatte er noch genau gewusst, dass er ihr am nördlichsten Punkt der Reise, wenn sie bei Moffen den 81. Breitengrad überfahren würden, einen Heiratsantrag machen würde. Er hatte den Diamanten längst gekauft. Er soll funkeln wie ein Polarstern, hatte er zur Verkäuferin in Mailand gesagt, die das Ganze wahnsinnig romantisch gefunden hatte und immerfort seufzen musste, während weder sie noch er daran dachten, dass sie keinen einzigen Polarstern sehen würden, auf der ganzen Reise nicht, weil es ja eine einzige Mittsommernacht sein würde, durch die sie fahren würden, in der die Sonne zehn Tage lang nicht unterginge.

Die Stimme des Kapitäns schnarrte durch den Lautsprecher, der in die Kabinenwand eingelassen war. Er wünschte allen stets eine gute Nacht, verhieß ruhige Gewässer oder auch aufgewühlte, meldete einen Wal auf drei Uhr oder Walrosse auf 10 Uhr, und er nannte die Weckzeit für den morgigen Tag. Sechs Uhr. Er hätte nicht gedacht, dass man hier auf dem Schiff immer so früh aufstehen musste. Der Kapitän war ein junger Chilene, mit schwermütigen Lippen und melancholischen Lidern. Er sah gut aus und wenn er lächelte, was er oft tat, hatte er die Fröhlichkeit eines kleinen Jungen. Sie hätte ihn gut gefunden, da war er ziemlich sicher. Sie hätte ihr halbvergessenes Spanisch ausgepackt und hätte ihn jeden Tag auf der Brücke besucht. Er sollte aufhören, daran zu denken, was sie gemacht hätte, wenn sie hier gewesen wäre, aber er konnte einfach nicht anders. Sie saß ihm in allen Knochen.

Vor dem Einschlafen lag er in der schwankenden Einsamkeit seiner Kabine, die er eigentlich mit ihr geteilt hätte. Er lag warm und satt auf seinem schmalen festgeschraubten Bett und brauchte keine Angst vor der Nacht zu haben. Und doch fühlte er sich ähnlich einsam und ängstlich wie die alten Nordreisenden sich vor Jahrzehnten gefühlt haben mussten. Abgeschnitten von allem, was sie kannten. Nicht wissend, ob sie jemals wiederfinden würden, was sie zurückgelassen hatten. Er wusste genau, dass er sie nicht mehr wiederfinden würde. Er legte den Ring auf den Nachttisch neben seinem Bett. Die Mitternachtsonne ließ ihn funkeln. Er würde nie an ihrer Hand blitzen, dachte er. Er hatte sich alles so anders vorgestellt.

Wenn sie morgen den nördlichsten Breitengrad der Reise querten, würde er ihn ins dunkle Eiswasser werfen und sein Funkeln würde erlöschen. Dann würde es ihm besser gehen, dessen war er sicher. Dann würde alles besser gehen. Er erwartete den Moment mit Spannung, gleichzeitig graute ihm davor. Die Leere der Landschaft, die ihn umgab, ließ die inneren Bilder mit noch stärkerer Macht auftauchen. Er sah die sanftgewellte Tundra und sah ihren Körper, bevor sie sich umdrehte und sagte, sie müsse mit ihm reden. Er sah die Eiswüste und sah ihr Gesicht, nachdem der Satz heraus gewesen war. Er sah die ewigen Gletscher und fror. Die Welt hier draußen sah genau so aus, wie er sich fühlte.

Neben dem Ring lag die tote, kleine Kamera auf dem Nachttisch. Vor drei Tagen hatte er sie bei einem Landgang gefunden, wo sie in einem gerölligen Gelände direkt vor seinen Füßen lag. Beinahe wäre er darauf getreten. Die kleine Digitalkamera sah so aus, als wäre sie jemandem erst vor Minuten aus der Tasche gefallen. Aber vieles sah hier so aus, als läge es erst seit kurzem da, die Knochenberge, die die Walfänger vor 200 Jahren zurückgelassen hatten, zum Beispiel. Selbst ihre Boote lagen konserviert von der Kälte noch völlig intakt am Strand. Er hatte die Kamera aufgehoben und sie eingesteckt, er nahm an, dass jemand vom Schiff sie verloren haben musste. Take nothing but memories, leave nothing but footsteps. Es war seltsam, alle Taschen, Jacken oder Gummistiefel einfach irgendwo am Strand abzulegen, wenn sie mit den Schlauchbooten an Land gingen. Aber sie waren abseits der wenigen Siedlungen auf Spitzbergen die einzigen Menschen hier, keiner würde irgendetwas unerlaubt an sich nehmen. Und selbst wenn, würde es ihm sowieso nichts ausmachen, noch irgendetwas zu verlieren.

Als niemand auf die Durchsage des Kapitäns wegen der gefundenen Kamera reagiert hatte, hatte er sie wieder an sich genommen. Seitdem lag sie auf seinem Nachttisch.

Er hatte sofort versucht, die Kamera einzuschalten, als er sie fand, doch der Akku war leer gewesen. Vielleicht hatte sie doch schon länger gelegen. Die Kamera war ein gängiges Modell, und er nahm an, dass der Verlust kein finanzieller war, dass der Besitzer eher den Bildern hinterher trauerte, die nun unwiederbringlich waren. Vielleicht tat ihm die Kamera deshalb so gut. Es ging so viel verloren. Bilder. Menschen. Erinnerungen. Und genau die Bilder, die er gerne verloren hätte, wurde er nicht los, wie sehr er sich auch bemühte.

Er wüsste so gerne, welche Bilder sich auf der Kamera befanden. Wenn er wieder zuhause wäre, würde er sich das passende Ladegerät kaufen und nachschauen, er war sich sicher, dass die verlorene Kamera ihm eine Geschichte erzählen würde.

Draußen auf dem Deck war es kalt. Die Sonne war von tiefhängenden Wolken verhüllt und die Temperatur nahe dem Gefrierpunkt. Hoffentlich würde morgen die Sonne scheinen. Funkeln sollte der Ring, aufblitzen, bevor er im Meer verschwand. Er starrte auf das frierende Meer, das kalte Grau, welches das Schiff heute umwaberte und zog den Schal fester um seinen Hals.

„Kalt heute, nicht wahr?", sagte eine Stimme neben ihm. Er hatte die Frau gar nicht bemerkt. Sie musste ganz leise gekommen sein, während er aufs Meer gestarrt hatte.

„Ja", sagt er. „Sehr kalt."

„Und die Farben sind alle verschwunden."

„Ja", sagt er. „Alle."

Er wusste, wer sie war, sie stand immer hier und starrte aufs Meer, auf dem die Eisschollen trieben, und er hatte sich schon manchmal gefragt, warum sie immer aufs Meer schaute, und an was sie wohl dabei dachte.

Als sie ihre Kamera aus der Jackentasche zog, um die Welt ohne Farben zu fotografieren, sah er überrascht, dass sie das gleiche Modell hatte, das auf seinem Nachttisch lag.

Sie war wie elektrisiert, als er ihr von der Kamera erzählte und ging ohne zu zögern in ihre Kabine, um das Ladekabel zu holen. Als sie ihm mit feierlicher Geste das Kabel überreichte, musste ihr versprechen, dass er die Bilder nur mit ihr zusammen anschauen würde. Er versprach es, und widerstand später in der Kabine nur schwer der Versuchung, die Kamera schon anzuschalten, bevor sie fertig aufgeladen war.

Abends begegneten sie sich auf Weg zum Speisesaal. Sie ging zusammen mit einer dunkelhaarigen jungen Frau zum Essen, die sie ihm als ihre Zimmernachbarin Annvorstellte, aus Kanada. Sie steuerten gemeinsam einen Tisch an, aßen, tranken, plauderten über allerlei. Weder sie noch er erwähnten die Kamera. Er war dankbar, dass sie es am Tisch nicht verriet. Aber manchmal schaute sie ihn verschwörerisch an, und er spürte, dass das kleine Geheimnis sie miteinander verband. Ann bemerkte einen dieser Blicke, sah zwischen ihnen hin und her, und fragte ihn mit einem Grinsen, ob auch er sich darüber Gedanken machte, warum manche Eisschollen sich verbanden, und andere auseinanderdrifteten? Damit erhob sich Ann und trat zum Nachbartisch, wo John, dieser Topmodell Guide, erfreut aufschaute und sie an die Bar einlud.

„Was meint sie damit?“, fragte er.

Sie wurde ein wenig rot und zuckte die Achseln. „Keine Ahnung“, sagte sie und schaute aus dem Fenster, als würde sie dort etwas plötzlich ablenken, das ihre ganze Aufmerksamkeit erforderte. Stumm löffelten sie ihren Nachtisch. Und erst nachdem sie den letzten Rest des Schokoladenpuddings sorgsam mit dem Löffel herausgekratzt hatte, blickte sie auf ihre Uhr. „Jetzt müsste sie aufgeladen sein.“

Als sie zusammen in seiner Kabine standen, schaute sie sich neugierig um. „Du hattest Glück, eine Zweierkabine für dich allein.“

„Es war anders geplant“, sagte er. „Und mit Glück hat es nicht wirklich zu tun.“ Er verstummte, und sie nickte. Mehr brauchte er nicht zu sagen. Dann sah sie den Ring auf dem Nachttisch liegen. „Oh. Und was wird aus ihm hier?“

„Der wird morgen tauchen gehen. Auf dem Grund des Polarmeeres. Wo ihn vielleicht ein Fisch findet, und frisst.“

Sie schaute ihn verblüfft an und lachte: „Und irgendein kleiner Fischer in einer norwegischen Fischfabrik, nimmt genau diesen Fisch aus und kann sein Glück nicht fassen! Er wäscht ihn und eilt abends zum Haus seiner heimlichen Jugendliebe, der schönen Laila, die sich so einen herrlichen Ring schon immer gewünscht hat, große Überraschung, was für ein Fund! Und die beiden leben glücklich bis an ihr Lebensende.“

Ihr Lächeln, sah er, war wehmütiger geworden, als ihre kleine Geschichte geklungen hatte.

„Ist so eine Sache … bis an ihr Lebensende. Manchmal reicht es noch nicht mal bis zum Heiratsantrag“, seufzte er.

„Und manchmal“, erwiderte sie und nickte zustimmend, „scheitert alles an einem alten Sessel. Und wie traurig ist denn das eigentlich?“

Sie schauten sich wissend an.

„Kamera?“, fragte er. Sie nickte: „Unbedingt.“

Nebeneinander setzten sie sich auf das leere Bett und er spürte, wie gespannt sie war. Sie rückte näher an ihn heran, um besser auf das Display der Kamera schauen zu können und rutschte mit einem entschuldigenden Lächeln wieder ein Stückchen zurück, als sich sein Rücken etwas versteifte. Er drückte auf das Knöpfchen mit dem roten Punkt, und tatsächlich, auf dem Display erschien das erste Bild. Geröll.

„Da habe ich sie gefunden“, rief er. „Genau da. Im Geröll.“ Sie klickten sich rasch durch die Bilder. Stumm und gespannt schauten sie auf das kleine Display und hofften darauf, etwas zu entdecken. Irgendetwas. Sie sahen arktische Landschaften, Meer, Gletscher, Tundra, Felsen, Eisschollen, Vögel. Menschen in Outdoorfunktionskleidung, von denen man außer den bunten Farben ihrer Jacken wenig erkennen konnte. Als sie wieder bei dem Bild vom Anfang landete, waren sie beide enttäuscht. Er hatte eine großartige Geschichte erwartet, ein Rätsel, das er würde lösen können, ein Geheimnis, einen Einblick in ein Leben, das eine Botschaft für ihn gehabt hätte. Aber die Bilder erzählten nichts. Sie erzählten nur, dass jemand, mit nur mäßiger Begabung für Fotografie auf einem Geröllfeld eine Kamera verloren hatte. Die Enttäuschung füllte die kleine Kabine und beide wussten plötzlich nicht mehr, warum sie sich so aufgeregt hier eingefunden hatten, und was sie hier eigentlich machten. Plötzlich war es peinlich, so nah nebeneinander auf einem schmalen Bett zu sitzen. Die ganze Spannung war entwichen. Wohin entwich Spannung eigentlich, fragte er sich, und dachte, sie müsste doch noch im Raum sein. Die Luft, die aus einem Luftballon entwich, wäre ja auch noch im Raum, irgendwo, und man könnte sie wieder hineinblasen in den Ballon, wenn man wollte. Wenn.

„Ich geh dann mal", sagte sie und erhob sich.

„Danke", sagte er.

„Na ja", antwortete sie, „wofür?"

„Was würde deine Kamera erzählen?", fragte er, weil er plötzlich nicht wollte, dass sie schon ging.

„Das gleiche, befürchte ich. Vielleicht", sagte sie, „könnte ein aufmerksamer Betrachter eine gewisse Vorliebe für driftende Eisschollen entdecken."

Sie zog die Kamera aus ihrer Tasche und setzte sich wieder neben ihn. Dieses Mal war es ihm nicht unangenehm, als sie sich zu ihm beugte, damit er einen besseren Blick auf ihr Display werfen konnte.

Tatsächlich, ungefähr zwei Drittel ihrer Bilder waren Bilder von Eisschollen im Wasser. Risse, Bruchstellen, Spalten, Abgründe. Alle Schattierungen von dunkelstem Blau bis zu dem fast unnatürlich wirkenden leuchtenden Türkis der Bonbons seiner Kindheit, die den Mund kühlten wie süßes Eis. Strahlendes Weiß an Schwarz. Harte Brüche, deren scharfe Kanten fast schmerzten, zarte, verspielte, sich gerade neu bildende Kristalle in hellblauen Spiegelungen des Himmels, wie in einem impressionistischen Gemälde. Fasziniert betrachtete er die Bilder, nahm ihr die Kamera aus der Hand, klickte immer wieder hin und her.

„Deine Kamera erzählt viel mehr", sagte er schließlich, als er sie wieder in ihre Hände legte.

„Ach Quatsch", sagte sie verlegen und steckte sie wieder ein. „Ich kann überhaupt nicht gut fotografieren."

Später lag er auf seinem Bett und schaute sich die Bilder auf seiner eigenen Kamera an, dachte darüber nach, was jemand, der sie fände, über ihn erfahren würde? Er klickte durch die Sammlung seiner Fotografien und stellte fest, dass er Bilder machte, wie ein ganz normaler, beliebiger Tourist. Da war das Flugzeug, in das er gestiegen war, Wolken aus dem Flugzeugfenster, die kleinen bunten Holzhäuser in Longyearbyen, die alle fotografiert hatten, bevor sie an Bord des Schiffes gegangen waren. Der Schriftzug auf dem roten Schiffsrumpf, arktische Landschaften. Vielleicht könnte ein aufmerksamer Betrachter eine gewisse Vorliebe für menschenleere Bilder feststellen. Das war aber auch alles.

Er fotografierte den Ring auf seinem Nachttisch, das leere Bett im Hintergrund. Sogar auf den Boden kniete er sich, um eine gute Perspektive zu finden für die beiden Betten in der engen Kabine, zerwühlte sein Bett noch mehr, damit es besonders zerknittert aussah, neben dem anderen, das glatt und unbenutzt geblieben war. Den Ring dazwischen erkannte man kaum. Aber er war zufrieden. Jetzt gab es in seiner Kamera eine kleine Geschichte für den, dachte er, der sie finden wollte. Auch wenn sich diese scheinbar endlosen Gedanken, die er sich in diesen scheinbar endlosen Nächten gemacht hatte, kaum in ein Foto von zwei Betten und einem Ring für einen Heiratsantrag, den es nie geben würde, hineinpressen ließen. So einfach war es nicht, dachte er, es war viel komplizierter, vielschichtiger, es war... nein. Wenn er ehrlich war, war es genau so einfach. Und genau so banal. Er lag alleine auf seinem Bett und kaute noch eine Weile auf dieser Erkenntnis herum, bis er irgendwann sogar eine kleine Erleichterung spürte, und als er endlich eindöste, drifteten zahllose Eisschollen durch seine Träume.

Als die Durchsage des Kapitäns durch den Lautsprecher schnarrte, dass die Arctic Dream in der nächsten halben Stunde den nördlichsten Punkt ihrer Reise erreichen und den 81. Breitengrad überqueren würde, schien die Sonne und er war froh. Denn der Ring würde funkeln, genauso wie er sich das vorgestellt hatte und er würde ihn endlich los sein. Er zog den Ring an seinen kleinen Finger, wo er vor dem letzten Gelenk stecken blieb, schaute auf den Nachttisch, der jetzt sehr viel leerer aussah und zog entschlossen die Kabinentür hinter sich zu. Jetzt ist Schluss, dachte er. Endlich. Schlussendlich. Aus die Maus. Eine neue Geschichte würde beginnen. Wann, das wusste er nicht, aber es würde eine neue Geschichte beginnen irgendwann, weil diese hier nun zu Ende ging.

Als er aufs Deck kam, traf er auf den südafrikanischen Vogelforscher mit seinem meterlangen Superobjektiv, der ihm aufgeregt von den Elfenbeinmöven erzählte, die er heute früh schon gesehen hatte. Es gab aller Wahrscheinlichkeit nur noch 50, allerhöchstens 100 Paare auf Spitzbergen, keinesfalls mehr. Und eins davon hatte er gesehen. Und fotografiert natürlich. Er strahlte so glücklich, dass er lächeln musste. Wenn ihn das doch nur auch so glücklich machen würde, eine der Elfenbeinmöven zu entdecken. Aber er wusste noch nicht einmal wie sie aussahen. Weiß wahrscheinlich. Aber waren nicht alle Möwen mehr oder weniger weiß?

Er trat an die Reling und schaute zum nördlichsten Horizont, den er je gesehen hatte. Die Durchsage des Kapitäns hatte ihn darauf vorbereitet. Im Leben gab es dafür keine Vorwarnung. Da kam der Norden ganz plötzlich.

„Du willst bestimmt lieber alleine sein“, sagte sie, als sie neben mich trat, „ich wollte nur Hallo sagen.“

„Hallo“, sagte er.

„Ja. Hallo.“ Sie lächelte verlegen.

„Aber du musst jetzt nicht gehen“, sagte er. „Oder vielleicht, oder gleich, ich weiß nicht. Ich -“

Er brach ab. Der Ring saß an seinem kleinen Finger und es war ihm mit einem Mal peinlich, dass sie davon wusste.

„Ich könnte ein Foto davon machen“, schlug sie vor. „Mit deiner Kamera. Ich könnte aufs obere Deck gehen, das ist bestimmt eine gute Perspektive von da oben. Für deine Geschichte, du weißt schon, falls du deine Kamera mal verlieren solltest …“

Sie grinste und zuckte die Achseln, und er dachte, an das Foto, das er gestern abend noch gemacht hatte. Das Foto für seine Geschichte. Er musste auch grinsen, obwohl ihm gar nicht danach zumute war, und winkte trotzdem ab. Plötzlich schien ihm alles zu theatralisch und zu aufwändig, und was sollte das alles? Doch sie war Feuer und Flamme, und schaute ihn so erwartungsvoll an, dass er sie nicht enttäuschen wollte.

„Erzählst du mir dann von dem Sessel?“, fragte er.

„Eigentlich weißt du schon alles“, sagte sie und streckte lächelnd die Hand aus, damit er ihr seine Kamera gab.

Dann stand er wieder alleine an der Reling. Während sie die rote Stahltreppe hinaufstieg zum höheren Deck, schallte die Kapitänsstimme aus dem Lautsprecher, dass sie in diesem Moment den 81. Grad querten. Die Vogelforscher verglichen ihre Bilder von den Elfenbeinmöwen, er spürte, dass sie vom oberen Deck seine Kamera auf ihn richtete, die Sonne blendete und das Eis glitzerte und ihm war diese ganze Aktion jetzt noch peinlicher. Was für ein Kinderspiel. Schluss damit. Es war jetzt höchste Zeit, dass ein für allemal Schluss damit war. Er schaute hoch zum oberen Deck, wo sie mit gezückter Kamera stand und ihm zunickte. Er holte weit aus, schwang den Arm kraftvoll für das Foto, das sie von ihm machte, und dann war es vorbei. Ein für alle Mal vorbei.

Kurz darauf stand sie neben ihm und gab ihm seine Kamera zurück.

„Wie geht es dir jetzt?", fragte sie.

„Besser", antwortete er und lächelte.

„Du siehst ganz anders aus", bemerkte sie, und musterte neugierig sein Gesicht. „Das muss befreiend gewesen sein."

„Ja", sagt er. „Vor allem, dass es jetzt vorbei ist. Das ist das Befreiende." Er ließ die Kamera in seiner Jackentasche verschwinden. „Es tut mir leid, dass du dir diese peinliche Inszenierung mitansehen musstest. Wirklich. So eine wehleidige Geschichte."

„Es gibt viele Geschichten", antwortete sie ernst, ohne ihm zu widersprechen.

„Zeit für eine neue Geschichte“, sagte er, griff nach ihrer Hand und steckte ihr den Ring an den Finger. „Denk dir einfach, dass du den Fisch gekauft hast, der den Ring gefressen hat, große Überraschung, und lebe glücklich bis an dein Lebensende, wie auch immer. Das ist einfach die bessere Geschichte, oder?“

Ungläubig starrte sie ihn an. Dann starrte sie auf den Ring an ihrer Hand. Er passte genau. Als sie wieder aufsah, lächelte er sie an und ging dann beschwingt und befreit ein paar Mal ums ganze Schiff, das ab jetzt wieder gen Süden steuerte. Es ging gen Süden.

Ich möchte Danke sagen.

Ich danke meiner Buchhändlerin Ulrike Sowa, dass sie mich dem Verleger Axel Dielmann vorgestellt hat, und ich danke Axel Dielmann, dass er sich dieses Buch vorgestellt hat. Und dass es nicht bei der bloßen Vorstellung geblieben ist, sondern dass er mit viel Gespür fürs Erzählen und ebensoviel Begeisterungsfähigkeit dafür gesorgt hat, dass es dieses Buch nun gibt.

Ich danke meinem Mann, dass er es mit mir aushält, wenn ich schreibe, und auch, dass er es mit mir aushält, wenn ich nicht schreibe. Ich weiß nicht, was schlimmer ist.

Ich danke dem holländischen Reisequartett für das Gletschereis im Whisky, danke dem Eisbären, der mir in die Augen geschaut hat, den endlosen Eisschollen, die ich vorüberdriften sah, in diesem einen überaus hellen, arktischen Sommer vor zehn Jahren, in dem die Nacht zum Tag wurde und die Phantasie zu Geschichten.

Von Astrid Ruppert sind bislang vier Romane erschienen, die bei den Verlagskollegen von List und Ullstein erschienen sind und teils verfilmt wurden: Ihrem Debüt, der Weihnachtsgeschichte „Obendrüber da schneit es", folgten die Romane „Wenn nicht jetzt, wann dann?" sowie „Ziemlich beste Freundinnen« und „Wenn's am schönsten ist."

2015 legte Astrid Ruppert das Buch „Tee mit Ayman – Im Dialog mit Geflüchteten" vor, nachdem sie sich ehrenamtlich für Geflüchtete engagiert hat. – Alle diese Bücher empfehle ich als Lektüre, und ebenso dieses:

Im Frühjahr 2019 erscheint bei dtv Astrid Rupperts nächster Roman – und alles weitere findet sich auf ihrer Autoren-Homepage *www.astridruppert.de.*

Diejenigen, denen die vorliegenden Erzählungen von Astrid Ruppert gefallen haben, könnten sich auch für die folgenden Titel meines Verlagsprogramms interessieren:

Jutta Schubert hat, neben dem Roman „Zu blau der Himmel im Februar“ über den Freund der Geschwister Scholl, den Erzählband **„Die Nacht mit Marilyn“** geschrieben (248 Seiten, 18 Euro), darin 17 eigensinnige Figuren – ähnlich wie bei Astrid Ruppert die Nordpol-Reisenden – sich miteinander verschränken. Vor allem die Frauenrollen, die sie erzählt, haben eine feine Nase für jegliche Form von Selbsttäuschung und Fremdbestimmung – und für die Risse in den Lebensumständen, durch die zu entkommen ist. – In Kürze folgt der zweite Erzählband **„Der Mond ist ein Licht in der Nacht“** (288 Seiten, 20 Euro), der ihrer Marilyn in nichts nachsteht.

„Nie zuvor hatte Anna an Flucht gedacht. Doch an diesem Vormittag war der Gedanke plötzlich da.“ – So beginnt Sophie Heeger ihren Roman **„Kaktus und Kanarienvogel“**, mit dem sie in eine traumartige Welt führt. Darin scheint eine Frau von nichts bedrängt als von der Organisation einer Reise, die sie selbst

„Flucht“ nennt. Mehr irritiert uns anfangs nicht, wenn wir ihr nach Venedig, Amsterdam und Paris folgen. In die Wirklichkeit der Reisenden brechen jedoch schon bald Beklommenheit und Schrecken ein und die reisende Frau nimmt einen wandelbaren, unsicheren Boden unter ihren Füßen wahr. Ein Roman (240 Seiten Hardcover zu 20 Euro) über Sprachlosigkeit, vergrabene Erinnerungen, die Brüchigkeit der Wahrnehmung und die Notwendigkeit, sich der eigenen Geschichte zu stellen.

Dann unbedingt Ernst Kretschmer mit seinem geschichtenreichen Roman „**LKW**“ (488 Seiten, Hardcover mit Schutzumschlag, Lesebändchen, 22 Euro). Ein Lastwagenfahrer unternimmt seine letzte Fahrt, aus Niedersachsen geht es über den Brenner nach Mailand, wo er eine ehemalige Anhalterin und Mitfahrerin abholen möchte; in sie hat er sich verliebt, und auch deshalb wird seine Fahrt eine große Quest, die ihn in seinen Erinnerungen quer durch Europa und Amerika führt und eine überbordende Weltgeschichte abfahren läßt – oder hat das damit zu tun, daß er erneut einen Anhalter mitgenommen hat, der hinkt ein wenig, und riecht er nicht auch ein wenig seltsam, nach Schwefel, nach Fegefeuer? Kann denn diese Fahrt gut ausgehen? – Demnächst erscheint sein nächster Roman „**Der Falke und die Nachtigall**“, ein hoch romantischer Roman, der im 11. Jahrhundert spielt, erzählt von einem, der 1944 als Gefangener der Nazis in Palermo festgehalten ist …

Ein ganz anders engagierter Roman ist das Buch „**Monkey Business**“ (176 Seiten, Hardocver mit Lesebändchen zu 20 Euro) von Jan Lauwereyns, aus dem Niederländischen übersetzt von Helga van Beuningen. Jan Lauwereyns ist Neurophysiologe und Schriftsteller, und er läßt den Laboraffen Haruki seine letzten acht Stunden erzählen, bevor der, wie er selbst sagt, „sein letztes großes Experiment“ unternimmt – er wird eingeschläfert, weil er für die Wissenschaft nicht mehr taugt. Der Roman nimmt ein Gedanken-Experiment vor, das ausschließlich literarisch durchgeführt werden kann – und das dabei zugleich die Grenzen der Literatur selbst sowie ihre Möglichkeiten auslotet. „Monkey Business“ ist eine Art von Bewußtseinsroman: Er erkundet die Grenzen der menschlichen Empathie. Hierbei wirft der Roman Licht auf grundlegende und höchst problematische Paradoxa von Wissenschaft und Ethik.

Vieles weitere entdecken Sie auf unserer Homepage unter

www.dielmann–verlag.de

oder Sie schreiben uns von Ihren Interessen als Leser an

neugier@dielmann–verlag.de

und wir informieren Sie gerne – bleiben Sie neugierig!

Ihr Axel Dielmann